愛媛大学東アジア古代鉄文化研究センター編

曹操高陵の発見とその意義

――三国志　魏の世界――

汲古書院

口絵1　曹操高陵前室

口絵2　遺物出土状況

口絵3　出土玉器

口絵4　被葬者頭骨

国際シンポジウム『三国志　魏の世界』開催によせて

二〇〇八年十二月から二〇〇九年十二月にかけて、河南省文物考古研究所は河南省安陽県西高穴村で、一基の大型後漢墓を発掘しました。その墓葬は壮大な規模を有しており、スロープ状の墓道は、長さ約四十m、幅約十m、深さは十五mに達し、墓道両側は七段の層台を形成しています。墓室は、前後二つの主室とそれに左右対称に付随する四つの側室が磚積みで構築され、さらに長方形の青石板を底面に舗装しているものでした。墓葬の規格は高く、石圭・石璧・鉄剣・甲冑・陶磁器、そして「魏武王」の銘を持つ石牌など四百点に及ぶ遺物が出土しました。この考古成果をもとに、二度にわたり考古学・歴史学・古文字学・形質人類学などの専門家を招へいし、共同研究を重ね、墓葬の構造と規格、出土遺物、出土した石牌の銘文の内容と字体、出土した被葬者の人骨の鑑定などから総合的に検討し、さらに古文献資料と結び付け、最終的にこの墓は当代の梟雄曹操の高陵であると確定されました。

曹操は中国三国時代の歴史上の人物として著名であり、傑出した政治家・軍事家・文学家でありました。ただ、明朝の時に成立した『三国演義』の中で、曹操は忘恩の徒、狡猾な悪人として描写され、加えてそれが近代の演劇で必要以上に誇張されてしまい、人々の印象のなかで敵役の奸臣としての普遍的なイメージを持つに至ったのです。しかし、曹操高陵から出土した文物を見るならば、高陵の築造は、「不封不樹」・「斂以時服、無蔵金玉珍宝」（土盛り・植樹は不要、死装束は時季相応の衣服とし、金玉珍宝を随葬することは不要）という、曹操臨終の際の遺令を完全に遵守したものであり、魏晋南北朝時代の薄葬制度の先駆けであったことが分かるのです。曹操高陵は建安二十三年（二一八年）に築造され、曹操本人は建安二十五年（二二〇年）に病死して後に、この地に葬られました。このように明確な紀年を伴うがゆえに、後漢時代から曹魏時代の墓葬を研究するための基準となるのです。

曹操高陵の発見は国内外に、非常に大きな関心を引き起こしました。二〇一〇年一月には、中国社会科学院考古研究所により「二〇〇九年六項重大考古発見」に選定され、同時に「公共考古論壇」を開催し、一般に向けて広く曹操高陵についての説明を行いました。二〇一〇年六月には国家文物局主催の「二〇〇九年度全国十大考古新発見」に選出され、その際中央電視台は「中国文化遺産宣伝日」に合わせて、曹操高陵の発見と発掘の経緯について現場から生放送を行いました。このたび、日本愛媛大学の主催する曹操高陵学術報告会において、曹操高陵発掘責任者を含め中国の考古学専門家を招へいし、関連講演を行い、日本の皆様に曹操高陵と漢魏考古の成果を紹介することとなったのは、非常にタイムリーかつ重要なことでしょう。今回の学術交流活動が必ずや円満に成功し、日中両国がお互いに文化を理解し交流が発展し、両国の研究者の友好がさらに深まることを信じてやみません。

二〇一〇年九月

河南省文物考古研究所所長　孫　新　民

目　次

曹操高陵の発見とその意義

——三国志　魏の世界——

シンポジウム講演録

一 『三国志　魏の世界』開催にあたって
――経緯と趣旨――

村上　恭通
（愛媛大学東アジア古代鉄文化研究センター）

一、経緯

昨年十二月の下旬、中国考古学界から非常にセンセーショナルな情報が伝わってきました。曹操墓発見！というそのニュースは、世界中に瞬く間に広がりまして、その関心は、非常に大きいと言うことがわかりました。

私たちのセンターは、中国の四川省で発掘しており、四川はいわば三国志の蜀の地でありますが、その蜀の地域で、後漢時代または三国時代に属する製鉄遺跡を発掘しております（図一）。そういうこともありまして、曹操といえば三国志の英雄でありますから、やはり非常に近しいものを感じ、また大変な関心を持っていました。ただ、そういう重要な、あまりにも大きな発見でありますので、私たちにはそれほど直接には関係しないのではないかと思い、議論の成り行きを見守っていたわけです。ところがそれから一年も経たないうちに、まさかこの愛媛大学で、曹操墓発掘に携わっておられる先生方をお招きして、お話をして頂けるということが決まり、またこうして本日シンポジウムを開催することが出来まして、本当に夢のようであります。

図一　四川省の漢代製鉄遺跡（古石山遺跡）

私たちのセンターは、二〇〇六年より中国四川省で製鉄遺跡の発掘調査をしています。四川省は、司馬遷の

図二　河南省の漢代製鉄遺跡（西平酒店遺跡）

『史記』をはじめとする文献に数多くの製鉄関連の記事のある地域ですが、私たちは中国国家文物局の許可を得て、遺跡の分布調査や発掘調査を進めてきました。実は中国で今のところ製鉄遺跡が最も多いと言われているところが、今日おいで頂いている先生方がいらっしゃる河南省であるといわれています。そしてその製鉄遺跡の調査が、中国の製鉄史の研究を推進してきたと言っても過言ではありません。そういう状況ですから、私たちも四川省で発掘調査をする一方で、河南省の製鉄研究に対して非常に関心を持っているわけです。河南省には鞏県鉄生溝製鉄遺跡や、鄭州古滎鎮製鉄遺跡、西平酒店製鉄遺跡といった学史的に有名な遺跡があります。例えば河南省の漢代製鉄炉で、西平酒店製鉄遺跡がありますが（**図二**）、これは一説には戦国時代の製鉄炉ではないかともいわれていますが、製鉄炉の中に人が立っているほど、中国でも残りの良い遺跡です。

　このように非常に多くの遺跡があるわけですが、その河南省の製鉄の研究を牽引して来られたのが、今はお辞めになっておられますが、河南省文物考古研究所の李京華先生であります。私は、大学生の頃ですからもう二十三年前になりますが、その時初めて李先生にお会いしまして、先生の講演でわからなかったことを質問して、非常に丁寧に教えて頂いたことを記憶しております。そしてその先生とのお付き合いを縁に、愛媛に着任後、河南省文物考古研究所を訪ねました。研究所には鉄器室という部屋がありまして、学史的に非常に著名な遺跡の鉄製品や製鉄に関わる資料

図三　河南省文物考古研究所鉄器室にて（右から二番目が李京華先生）

が、たくさん展示されています（図三）。ここでは、二千年前のものでありながら、銹が全然ついていない、当時そのままの地肌を持った鉄器がたくさんありまして、研究者であれば、一度は訪ねて実物を直接みたくなるような、そういった資料があります。そして、このセンターができて以降も、しばしば研究所を訪ねまして、鉄器室の資料を調査しつつ、これまで発掘された資料に関する共同研究について相談を続けて参りました。李京華先生の後進の先生方との交流が続いている、という状況であります。

現在、皆さんご存じのように、中国は未曾有の経済発展を迎え、かつて日本がそうであったように、大規模な発掘調査が各地で行われています。そして、多くの研究者がその発掘調査のために、時間を割いているという状況であります。河南省では、南水北調と言いまして、河南省南部から北京までの大運河を通すという巨大なプロジェクトが進められていまして、河南省の先生方は、それに伴う発掘調査のため東奔西走させられる、というあわただしい状況でした。そういった中でも、河南省文物考古研究所と交流を続けてきました。例

図四　曹操高陵にて（佐々木）

えば河南省では、ちょうど漢代の大規模な集落遺跡が発見されておりまして、黄河の氾濫で村が丸ごとそっくりそのまま埋もれてしまったという、三楊荘集落遺跡という遺跡があるのですが、そこからもたくさんの鉄製品が出ています。お墓から出てくる副葬用の鉄製品とは違う、当時の農民達が実際に使っていた鉄の道具がそのままの形で出土しています。そういった資料に対する共同調査について話を進めていったわけであります。

しかし、そういった相談にお付き合いいただいている一方で、曹操墓に関わる河南省の先生方は、曹操墓発見以来、多くの研究会などで、その説明をされてきました。発掘調査は現在も続いておりますし、まだまだ作業は大変なわけですが、ようやく、中国社会科学院考古研究所により「二〇〇九年六項重大考古発見」に選ばれ、さらに国家文物局により「二〇〇九年度全国十大考古発見」に選ばれるなど、現在は、西高穴大墓が曹操墓であることは間違いないという見解に達しているといえます。

そういった中、鉄製品の調査などで河南省を訪問していました佐々木正治助教が、研究所所長の孫新民先生や発掘担当者の先生方にお話しして、ぜひ研究交流のある愛媛で曹操墓の発見に関するシンポジウムを開催できないかというオファーをしまして、それが河南省でも検討されるようになり、本日の開催に至ったわけです。今年の三月にその同意を得てから今日に至るまで、こちらからもたびたび河南省を訪問し（**図四**）、いろいろとご相談させていただき、また、講演に関する課題をお願いしたわけですが、それに対して非常に丁寧にお応えいただき、先生方には非常に感謝しております。

二、趣　旨

さて曹操というと、すぐ『三国志』を思い浮かべるわけですが、あくまで曹操自身は後漢末期の人物であります。その後漢末期から三国時代にかけての、権力者の墳墓というのは、考古学的には、決して情報が多いというわけではなく、明らかになっているわけではありません。ですから、このシンポジウムでは、まずはやはりその時代の有力者のお墓として考え、それがなぜ曹操の墓であるのか、といった視点でこの西高穴大墓について考えていきたいと思います。三国時代の魏というと、日本ではちょうど古墳時代前期に当たる時期でして、日本でも大きな古墳がたくさん造営され始めるころです。そして、日本の考古学者のみならず、歴史に興味のある人は、魏と古墳時代の日本の社会が非常に密接な関係にあったと考えております。確かにそうですが、今回はあまりそういったところには踏み込まず、むしろ中国でこの曹操墓の発見を機に起こった新たな研究の方向、そういったものを我々も学んで、そして、中国の後漢時代から三国時代の社会を考えてみる、そういうことをまずこのシンポジウムでは目指したいと考えます。

そのためには、やはり発掘された第一次資料について、慎重かつ学術的な検討が必要です。昨年十二月、曹操墓発見というニュースが世界を席巻した後、マスコミのみならず、インターネットでも、非常に多くの曹操墓に関する情報が飛び交い、そこにはかなりの憶測や根拠の無いものも多かったわけです。しかし、そういった地に足の着かない話ではなく、どういう形態のお墓で、どういう遺物が発見されたのか、ということをきちんと理解してから、さまざまな解釈の話を進めていく必要があるのではないかと思います。そして、そのためには、発掘によって得られた第一次資料について、慎重な研究をする必要がありますが、それができるのは、本日おいでいただいている河南省の先生方に他なりません。このたび曹操墓調査に関わる河南省の三人の先生方を招聘でき、また各地での様々な反論に対して、果敢に立ち向かわれました白先生をお迎えしまして、この愛媛大学で学術シンポジウムを開催するに至ったことは、本当に幸せなことです。河南省文物考古研究所ならびに河南省文物局の皆様に多大なるご配慮を頂きましたことを、深く感謝致したいと思います。今回のシンポジウムを通じて、ぜひ皆さんにも三国時代の社会・文化を学んでいただきたいと思います。

二　漢末・三国時代考古およびその新展開

——北方曹魏を中心に——

白　雲　翔
（中国社会科学院考古研究所）

一、はじめに

三国時代は中国史上大きな動乱期・転換期であります。魏・蜀・呉の三国が鼎立したことからその名がつきました。王朝交代の年代からいうと、三国時代とは、曹丕が帝を称し魏が漢に取って代わる二二〇年から、晋武帝が即位し西晋が魏に代わる二六五年までを指します。ただ、後漢初平元年（一九〇年）董卓が少帝を廃し、献帝を立て長安に遷都してからは、後漢社会は事実上分裂割拠の状態で、とりわけ建安元年（一九六年）、献帝を洛陽から許都に遷都させると、後漢政権は有名無実化していました。そのため一般的に歴史研究者は、漢献帝が洛陽から長安に遷都した西暦一九〇年を三国時代の上限としています。同時に西晋が魏に取って代わるわけですが、その後も呉国が依然として東南地域を占拠していました。その後、太康元年（二八〇年）に晋軍がようやく建業を攻略し呉を滅ぼします。そして全国が再統一されるわけです。これにより、一般に歴史家は晋が呉を滅ぼした二八〇年を三国時代の下限としています。言い換えると、三国時代というのは、一九〇年から二八〇年までの九十年間ということになり、三国時代考古とは、後漢末から西晋初期の、三国鼎立時期を主体とする考古学研究といえます。

その境域は、魏が北方、蜀が西南、呉が東南にありますが、魏の領域が最も広く、人口も最も多く、またその勢力も最も強いことで知られています。また十余りの州を置いて、その領域は、南は秦岭—淮河ライン、西北は涼州及び西域、東北は遼東一帯に至り、当時の中国の過半数を占めていました。同時に当時の状況からみると、政治・経済の中心は北方にあり、また後漢・西晋時代も同様でありました。よって、北方の曹魏を中心に、都城考古・墓葬考古・社会生活考古の三つの方面から、三国時代考古とその新展開を紹介していきたいと思います。

二、都城考古

都城というのは、政治・経済・軍事・文化の中心であり、国家・王朝の縮図ということができます。よって、都城の考古学は、歴史時代の考古学の中でも最も重要な位置を占めています。

三国時代、曹魏の都は洛陽、蜀漢は成都、呉ははじめは武昌（現湖北鄂城）、のちに建業（現南京市）に都をおきました。三国時代の都城のうち、蜀の成都と呉の建業では、考古調査などは少ないのですが、魏の洛陽城と鄴城では考古学調査も多く、研究も進展しています。

一・魏洛陽城

魏の洛陽城は現在の河南省洛陽市の東約十五㎞に位置し、洛陽盆地の中ほどにあります。北は邙山、南は洛河に面しており、洛河の北側にあることから、洛陽といわれています。

魏の洛陽城は、後漢雒陽城をそのまま利用して建てられています。光武帝の建武元年（二五年）に後漢王朝が再建され、洛陽に都を定めます。五行思想に基づき、漢王朝は火徳により水を忌むため、「洛」を「雒」に改め、都は「雒陽」と称されました。そして順帝永和五年（一四〇年）には、すでに百万人の人口を擁する大都市になっていました。しかし、献帝初平元年（一九〇年）、董卓が献帝を長安に遷都させた際、雒陽を焼き払い、文献に「火三日不絶、京都為丘墟矣。」とあるように、繁栄した雒陽城はひどく破壊されました。また、建安元年（一九六年）に献帝が長安から雒陽に戻った際には、「宮室焼尽、百宮披荊棘、依墻壁間」（『後漢書』献帝紀）という有様で、住むところすらなく、そのため曹操に助けられ許都へと遷都するわけです。

黄初元年（二二〇年）、曹丕が帝を称して、曹魏が漢に代わった際、また雒陽を首都とします。魏は土徳に属し、水と土は対立しないので、再び「雒陽」を「洛陽」と改めました。魏は後漢雒陽城を継承すると同時に、城内に大規模な修築を進めます。泰始元年（二六五年）には、晋の武帝司馬炎が魏に代わり帝を称して西晋を建国しますが、その時も洛陽は都城として継続して使用されます。西晋時代に、太廟や城門を新しく造りますが、基本的には魏の宮室などをそのまま使用し続けたので、都市計画に大きな変化はありませんでした。

ただ説明しておくと、西晋の後、洛陽は四九五年に北魏の首都となります。その時は大規模な改修が行われ、そのため後漢や魏の洛陽城は地下に埋もれてしまい、その後の考古調査が非常に困難になっています。それに対し一九六二年以来、考古調査と重要遺跡の発掘が行われ、また文献記事との総合的な研究が進められ、後漢雒陽城と曹魏洛陽城についての基本的な情報を得ることができました。

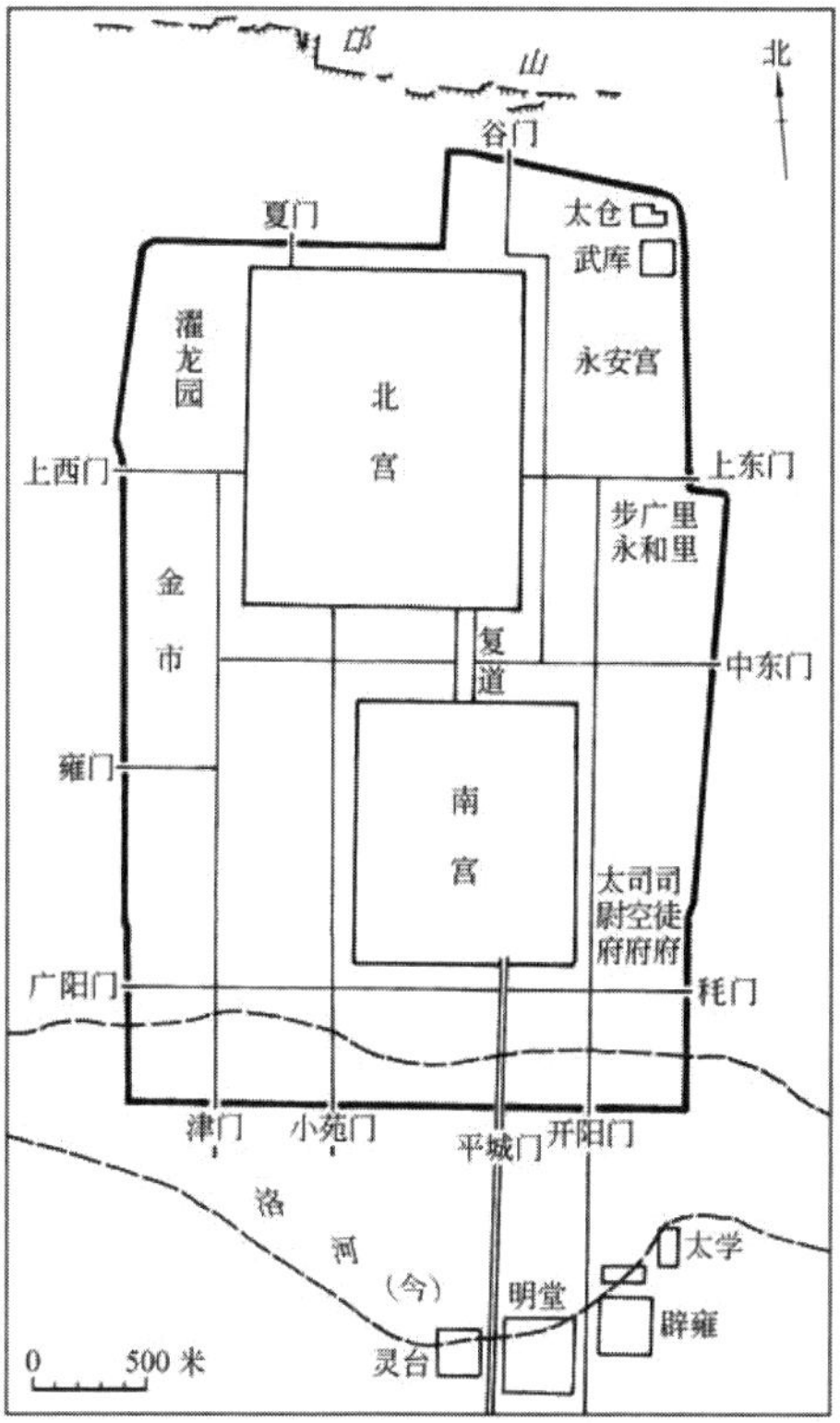

図一　後漢雒陽城平面復元図

こちらが後漢雒陽城の平面図になります（図一）。四周が高い城壁に囲まれ深い濠をもつ閉鎖的な都城です。城

図二　後漢・曹魏洛陽城東北隅城壁址

壁は版築によって作られており、非常に堅く、城壁の上では版築で突き固めた痕跡が確認できます。現在は、東・西・北の城壁が残っており、南壁は洛河の北への移動で浸蝕されてなくなっています。こちらは現在残っている東北隅の城壁ですが（図二）、高いところで九ｍほどの高さがあります。

その平面プランですが、平面形態は南北に長い不規則長方形で、文献にその距離について「城東西六里一十歩、南北九里一百歩」（『続漢書』郡国志注引『帝王世紀』）と記載があります。城壁には多く屈曲した部分があり、そのほとんどが城門近くにあるので、都城の防衛に関係するという説もあります。考古探査によると、現在残っている東城壁の長さは約三千八百九十五ｍ、西城壁が約三千五百ｍ、北城壁が約二千五百二十三ｍありまして、城壁基礎部分の幅が十四ｍから二十五ｍとなっています。これに南城壁を復元した数値を加えると、城壁全体の長さは一万三千ｍに達します。これは漢代の三十一里に合致し、城内総面積は約九・五平方㎞に及びます。また、南北の長さは漢代の九里に相当し、東西幅は六里に相当し、そのためこの城は〝九六城〟と呼ばれていました。また、平面図には反映されていませんが、城壁の外には環濠がめぐらされており、城壁と一定距離を保って延びています。その幅は十八ｍから四十ｍ、深さは三ｍから四ｍで、これについて文献には「陽渠」と記されています。

考古調査と文献からみると、後漢雒陽城と曹魏洛陽城には十二の城門がありました。北面に二つ、南面に四つ、東・西に三つずつです。後漢と曹魏の城門の位置は基本的に変化はありませんが、ただし図を比べればわかるように、名称に違いがあります（**図三**）。その構造について、北壁西端の大夏門の調査からみると、一つの門に三つの門道のある構造になっています。

城内には縦横に交錯する街道があり、街道間に各種建築が分布しています。後漢雒陽城の主な街道を見ると、南北方向の五条と、東西方向の五条があります。しかし、これらの道は全てが城壁から城壁へ、城内を貫いているわけではなく、いくつかはT字路になっています。当時、二つの交差点の間の通りを「一街」といい、文献に「雒陽二十四街、街一亭」（『続漢書』百官志注引蔡質『漢儀』）と言われています。そして、その街道の幅は、考古調査によると、最も広くて四十m前後、狭いもので二十m前後となっています。

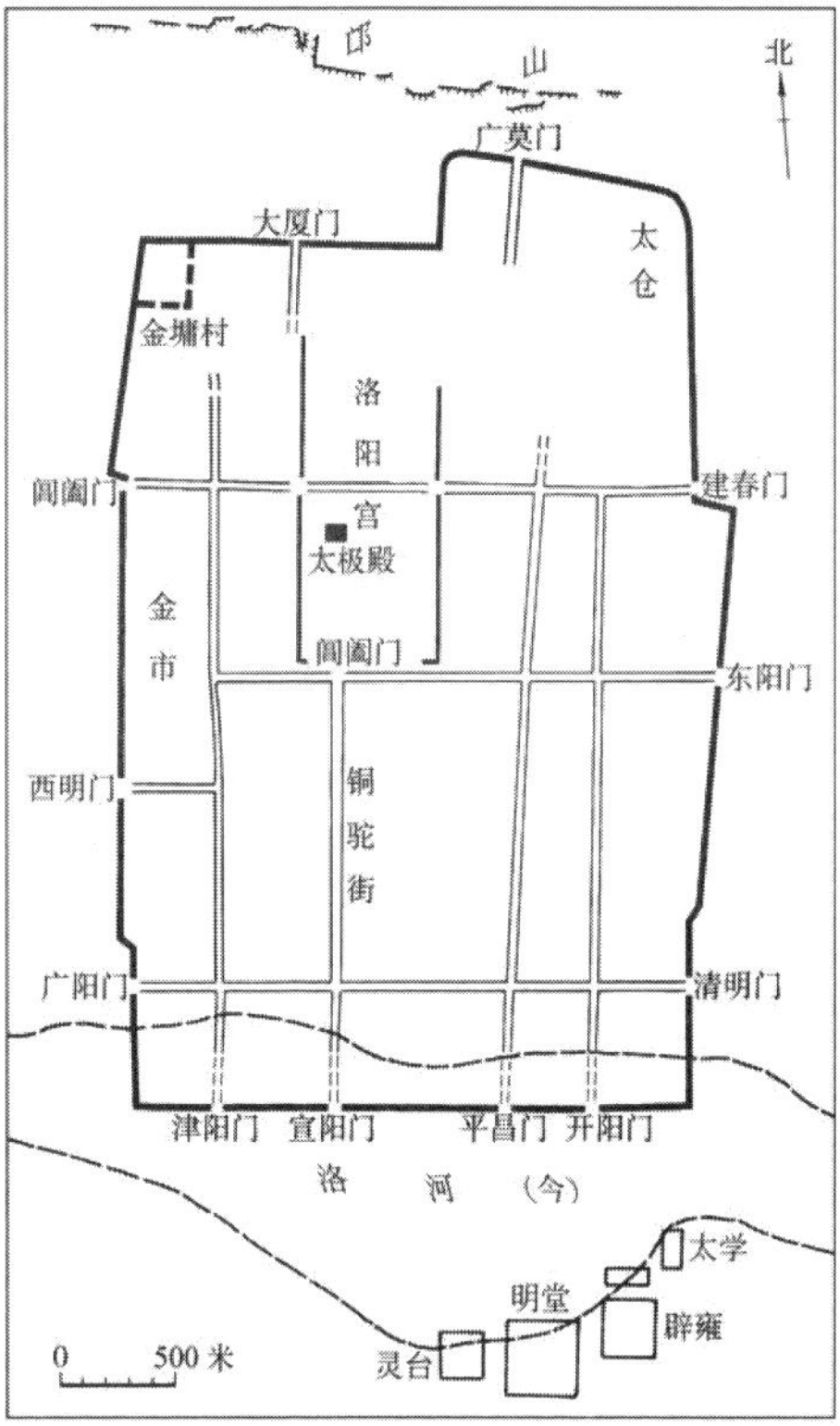

図三　曹魏洛陽城平面復元図

宮殿区は城の南北にあり、南宮と北宮が対峙する構成となっています。そして、北宮の西には、皇族の宮苑である濯龍園があり、東には永安宮があります。南宮の東には、大尉府・司徒府・司空府があります。また城内東北隅に太倉と武庫があり、城内の西には市場である金市があります。そして、城内東部一帯は居住区の里坊と貴族の邸宅となっています。

続いて曹魏の洛陽城についてみていきたいと思います。魏洛陽城の城壁・城門・道路の配置の多くは後漢雒陽城のものを沿用しています。ただし、宮殿等の修築に伴い城内の配置に変化が生じています。一つは、漢南宮を廃絶し、漢北宮を元に洛陽宮を建設したことで、宮内には建始殿・陵雲台・崇華殿・太極殿・昭陽殿などの宮室を築造し、さらには芳林園を増築します。また北宮の東には東宮を建設しました。こういったことで、宮殿や苑囿が城内北部に集中し、後漢雒陽城の南宮・北宮の配置を根本的に改めることとなります。二つ目に、宮殿が北部に集中し始めるわけですが、南城壁の宣陽門から宮城南門の閶闔門までを結ぶ南北方向の銅駝街が作られ、これが都城全体の中軸線となり、両側に太廟や太社等の重要建築が配置されます。三つ目は、魏文帝が洛陽城内西北隅に「百尺楼」を建てますが、後に魏明帝が百尺楼を元に金墉城を建設します。その性格というのは、実際には地勢の高い堅固な軍事的城塞であり、洛陽城全体を俯瞰でき、軍事上高所を抑える重要な役割をもつことが分かります。この他、城壁の西側・北側に外側へ突出する馬面遺跡があり、これにより城の防御能力が最大限に増強されています。こうした魏の洛陽城の変化は、明らかに鄴城の直接的影響を受けていると考えられます。

それでは、都城の外側の状況についてみておきます。洛陽城南郊には、後漢光武帝時期の礼制建築すなわち霊台・明堂・辟雍および太学があります（**図四**）。以下に見ていきますが、まず霊台です。霊台は気象現象を観察する場所であり、国家の天文台です。天子が霊台に登り、気象現象を観察することから、「天と人の間、陰陽の交わる部分を見るもの」ともいわれます。霊台遺跡は、平昌門外大道の西にあり、平面はほぼ長方形で、四周は版築の囲壁がめぐっ

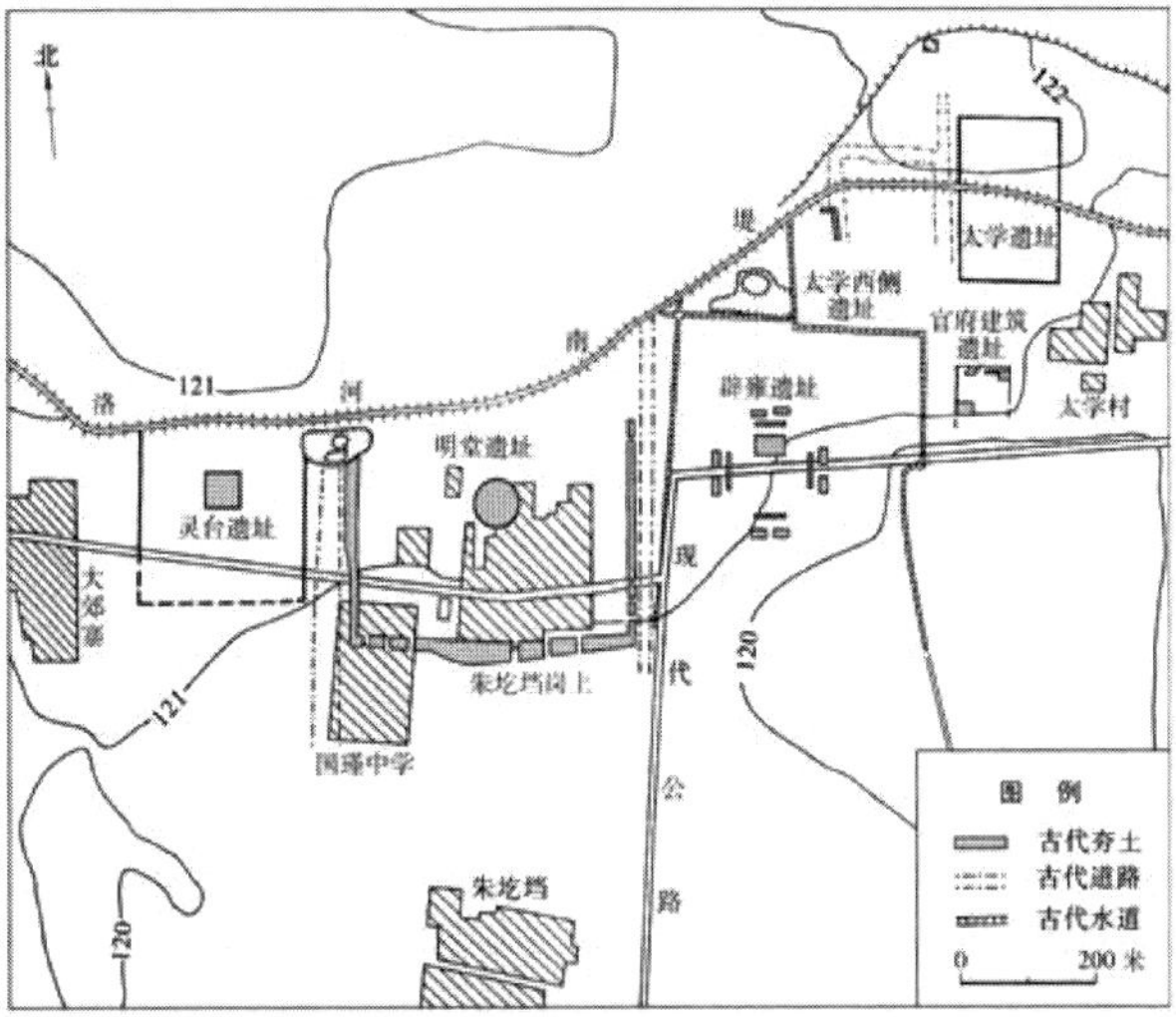

図四　後漢魏晋洛陽城南郊礼制建築遺跡分布

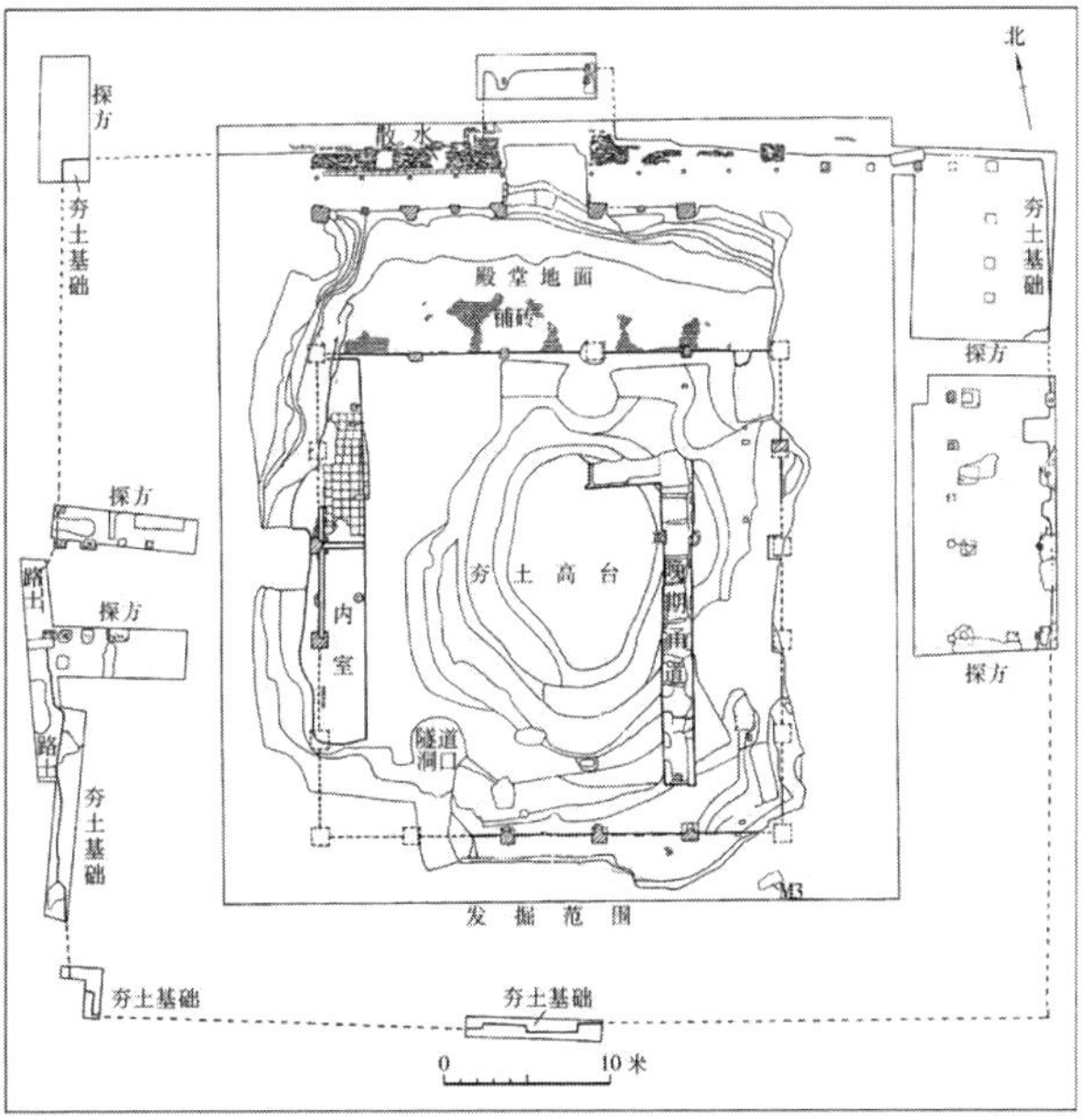

図五　後漢魏晋洛陽城霊台遺跡平面図

図六　後漢魏晋洛陽城霊台遺跡天文観測台

ています。考古調査から、東西二百二十m、南北二百m、面積四万四千平方mとなっています（図五）。また、遺跡の中心部分に高台があり、版築の基壇で、当時の天文台と考えられます（図六）。台基は、基部の幅が約五十mで、段築になっており、段の平面上には建築遺構があります。考古発掘によると、上層の台上四面には、五間の建築があり、その地面は長方形の小レンガで舗装され、壁にはスサ土を塗っていました。そして、その壁は方位によって彩色しており、南が赤色、東が青色、西が白色、北がおそらく黒色で、これは、朱雀・青龍・白虎・玄武を示し、四神を方位にあてはめる思想に基づくものでしょう。そして、後漢の科学者張衡が作った候風地動儀が置かれていたと考えられます。

つづいて明堂ですが、天子が天と祖先を祭るところであり、その活動は主に五帝と先帝を祀るものでした。その位置は、平城門外大道の東で、霊台と道を挟んで東西に相対します。調査によると、その平面はほぼ方形を呈し、四周には版築の囲壁があります。その内部の中心部分に平面円形の建築基壇が残っており、直径が六十一mから六十二mほどとなってお

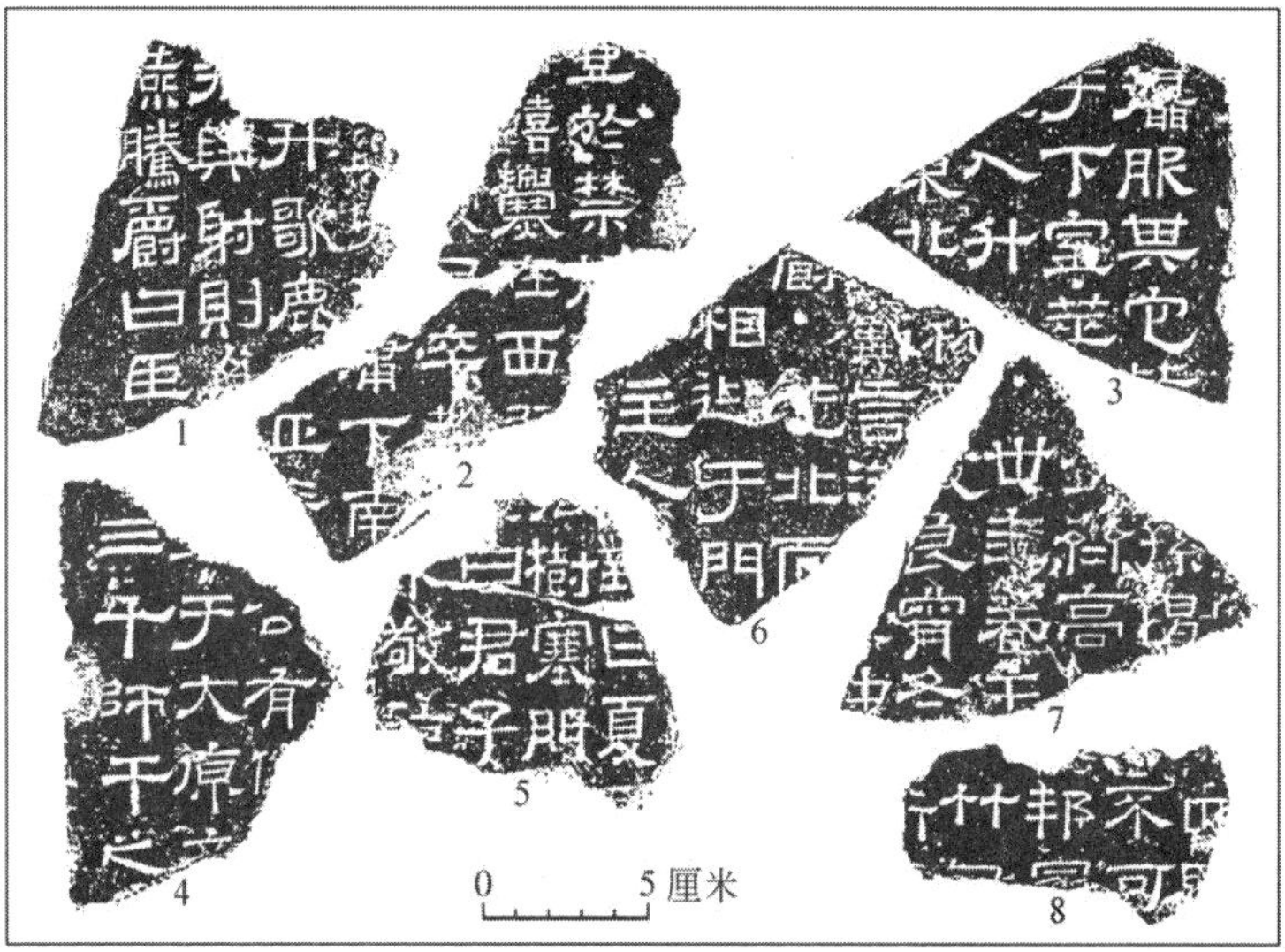

図七　漢晋洛陽城太学遺跡出土熹平石経残塊

り、その構造は文献にいわれる「上円下方」となっています。

次に明堂の東にある辟雍ですが、これは教化を行う場所で、天子が朝臣を引き連れ、ここで大射礼と養老礼を行い、また孔子を祀りました。その場所は、開陽門外大道の東にあり、道を隔てて明堂と相対します。遺跡の範囲はおおよそ三百七十m四方で、周囲は濠がめぐっていたようです。全体はおおよそ方形を呈していまして、南側は開いています。濠の中には規則的に建築基壇が並んでいます。

辟雍遺跡の東北方向、開陽門大道の東側に、後漢の太学遺跡があります。太学は、後漢光武帝の建武五年（二九年）に建設されました。そして、後漢末、董卓が洛陽を破壊した際に太学も損壊しました。その後、魏文帝の時に後漢太学の跡地に、太学を再建しました。正始年間（二四〇～二四九年）には、この地に石経が立てられました。太学遺跡は辟雍遺跡の東北方向にありますが、その北部は洛河によって削られ、遺存は非常に少なくなっています。考古調査では、その南部に十数基の長方形の建築遺構が発見されています。また熹平石経の残塊が出土しています（**図七**）。

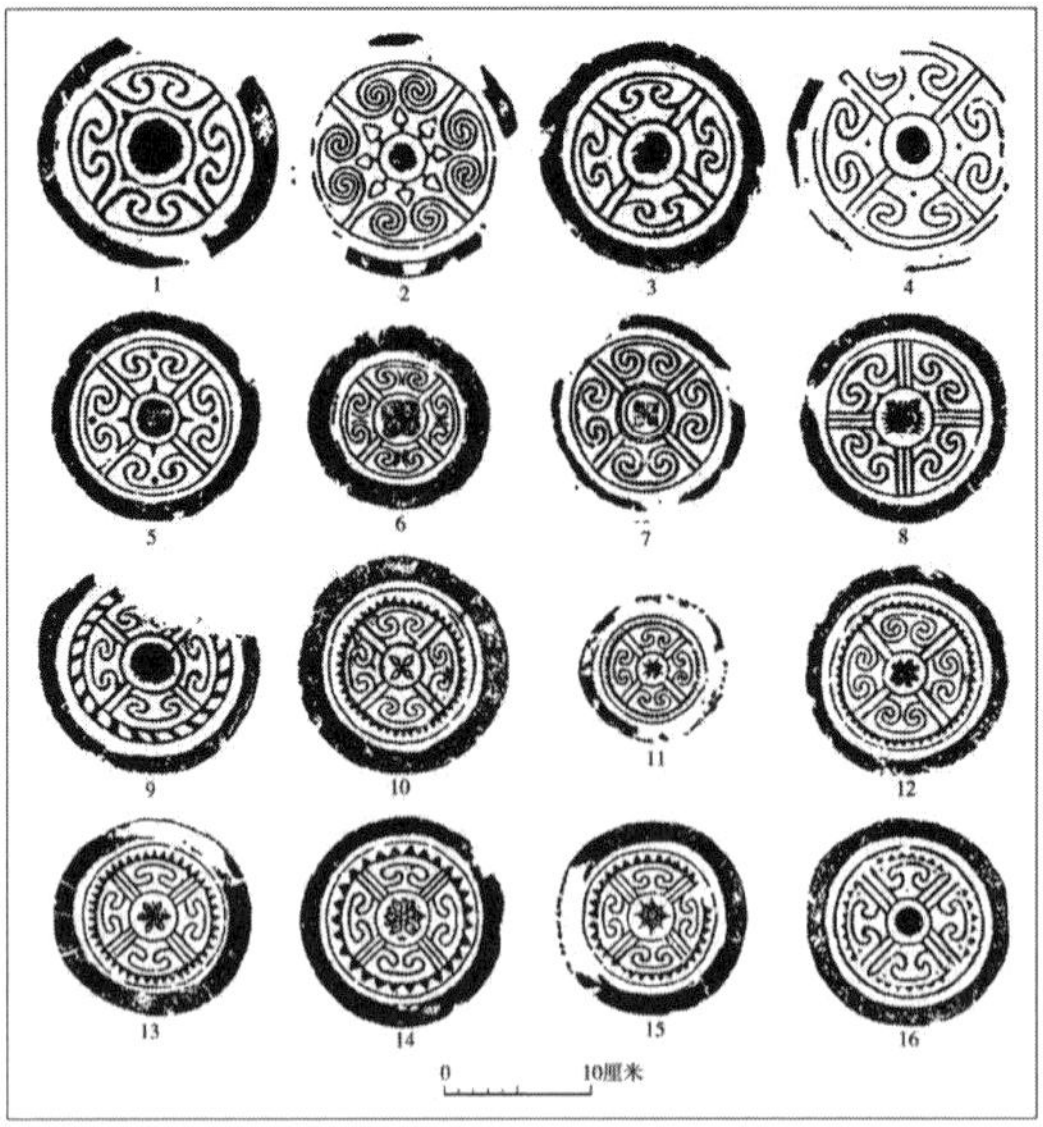

図八　魏晋洛陽城遺跡出土瓦当

この他、漢魏洛陽城の発掘調査では非常に多くの出土遺物がありますが、その中で最も多く出土するのが、瓦などの陶製建築材料です。特に瓦当には明確な時期的特徴があります（**図八**）。

考古発掘と文献記載を元に考えると、後漢及び曹魏の洛陽城には、総じて六つの特徴があります。第一に、防御を重視していること、第二に、後漢雒陽城では、南北両宮制をとっていたこと、第三に、魏の時代になると一宮制に変わったこと、第四に、街道は幅が広いものの、やや短いこと、第五に居住区・手工業工房区が城外に分布すること、第六に、礼制建築が城外南郊に集中すること、です。

二．魏鄴城

それでは続いて、曹魏鄴城についてみていきたいと思います。鄴城は、はじめは春秋時代斉国の城邑の一つで、戦国時代には魏国に属していました。後漢末には、冀州の治所となりました。そして、建安九年（二〇四年）に曹操が袁紹を平定し、鄴城の建設を始めます。建安十八年（二一

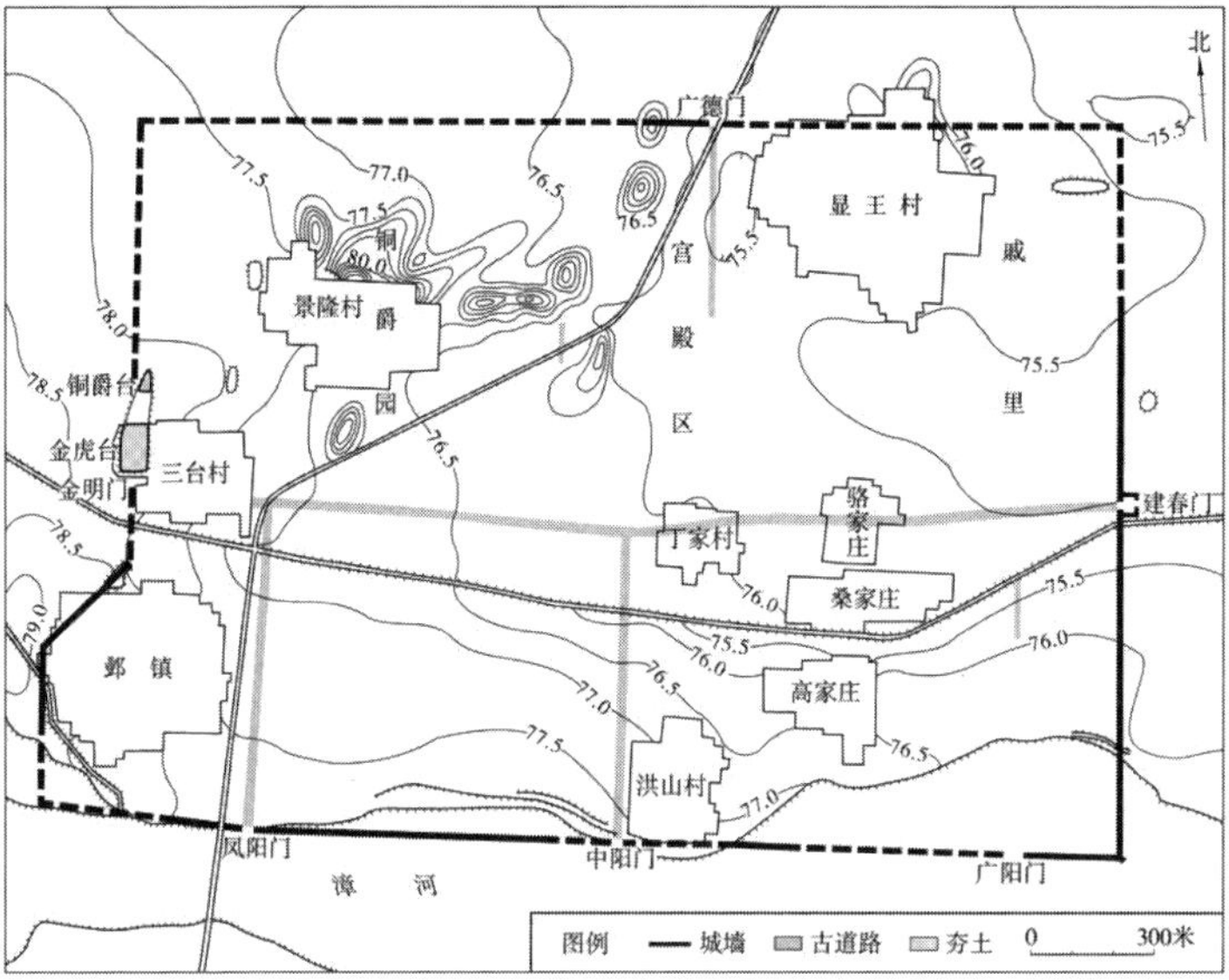

図九　曹魏鄴城遺跡平面図

三年）に曹操は魏公に封ぜられ魏国を建国し、鄴城に宗廟を立て、こうして鄴城は魏の都となりました。二二〇年曹丕が即位し洛陽に遷都するわけですが、鄴城は曹魏の王業発祥の地として、曹魏五都の一つとなります。

鄴城遺跡は、現在の河北省臨漳県の西南約二十km、南の安陽から二十kmのところにあります。現在では、漳河の氾濫のため、有名な銅雀三台のほかは、地上には遺跡などなくなっています（図九）。

考古探査により、平面はおおよそ長方形を呈し、東西長さ二千四百m、南北幅千七百mとなっていますが、これは文献に記される「東西七里、南北五里」よりも小さくなっています。また、西城壁南段に西南方向に延びる長さ約三百mの城壁があり、城の西南隅が西側に突出することが分かっていますが、なぜそのようになっているかは現在のところ分かっていません。城壁基壇の幅は十五〜十八mとなっており、後漢末・曹魏時代に築造されたものです。

文献によりますと、鄴城には南壁の三基、東西の各一基、北壁の二基という七基の城門があり、考古調査ではそのう

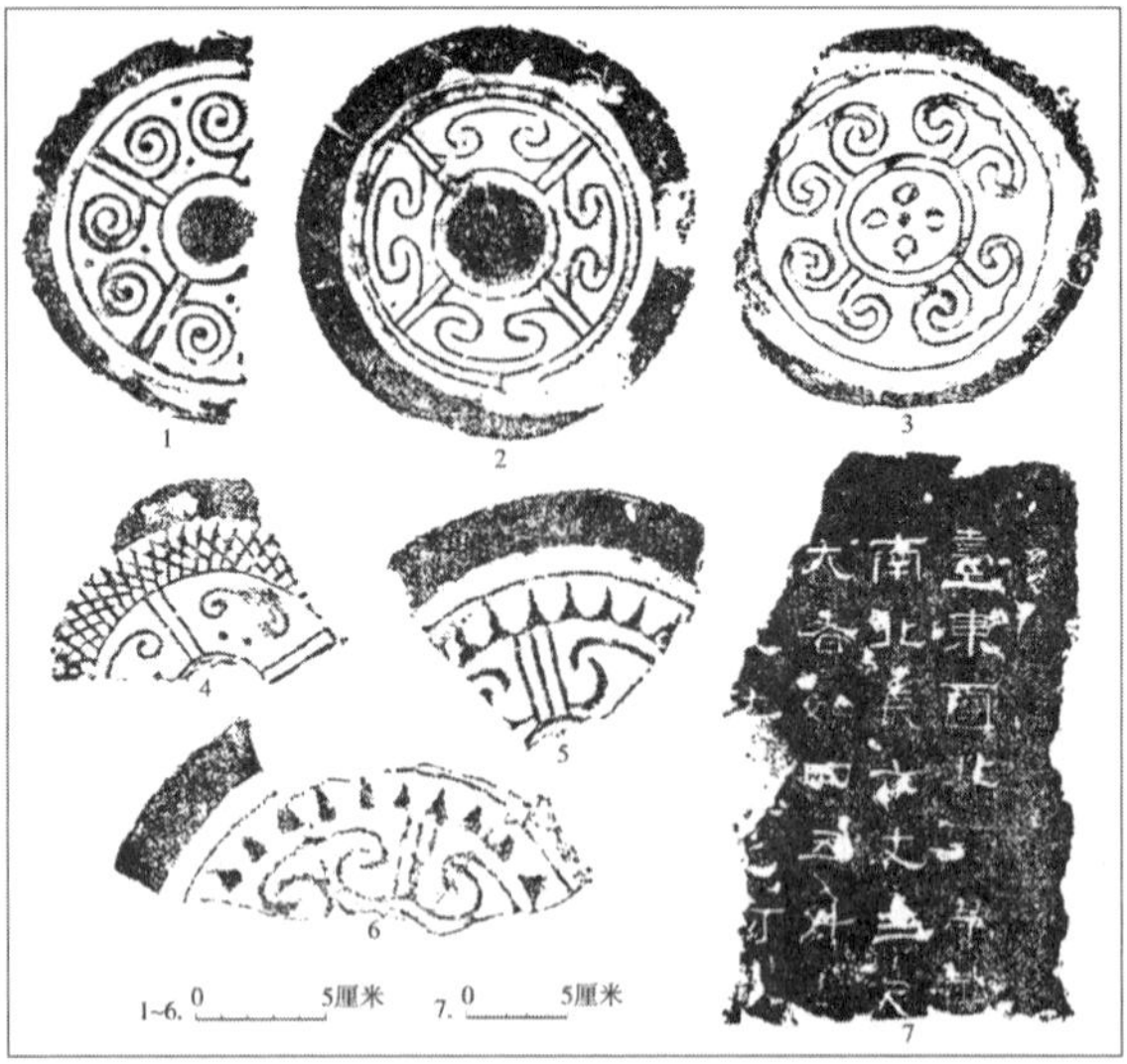

図十　曹魏鄴城遺跡出土遺物

ち三基が確認されています。また城内では六条の道路が見つかっており、そのうち東西方向の大道は、金明門と建春門を東西につなぐもので、その幅は十三mで、これが城全体を南北両区に分けています。この東西道以南では三条の道路が発見されており、また以北では二条の道路が見つかっていますが、後者は非常に短いものです。この東西大道以北の中ほど一帯には、版築基壇が十か所ほどあり、当時の宮殿区と考えられますが、その宮殿壁は確認されていません。またその西、現在の景隆村一帯でいくつかの版築基壇が発見されており、おそらく銅爵園と関係があると思われます。そういった中、『三国志』ないし『三国演義』で有名な建物が三台でありまして、西壁に沿って金虎台・銅爵台・冰井台とあり、考古調査で金虎台・銅爵台の基壇が確認されていますが、ただし、冰井台については現在のところ不明です。

鄴城内の考古調査ではやはり多くの遺物が検出されていますが、代表的なものが瓦当です（図十）。他に金虎台遺跡で石刻残片が出土しており、その内容はおそらく金虎台の建設と関わるものです。

中国古代都城発展史からみると、鄴城は転換期の一つとなるものです。現在曹魏鄴城の特徴を五つにまとめることができます。第一に、金明門から建春門に至る大道を境に城全体が南北両区に二分され、北区が南区より大きくなっています。そして、北区中部が宮殿区、西部が銅爵園を主とする苑囿区、東部が戚里となっています。南区が一般の役所と住民の里坊となっています。第二に、南区の中陽門大道が、北面に宮殿区と正対し、左右に対称的に鳳陽門大道と広陽門大道が位置し、城全体の中軸線となっていることです。第三に、鄴城宮殿区は城内北部に集中しており、こういった南北大道を中軸線とした左右対称の都市計画は、中国古代都城発展史における重要な転換点であり、その後の都城計画に大きな影響をもたらしました。さきほど漢魏洛陽城の状況を見ましたが、鄴城のこういった特徴の影響を受けていると考えられます。第四に、城西北に金虎台・銅爵台・氷井台が城壁に沿って建設されていますが、宴席や詩賦をうたう活動場所であるだけでなく、軍事的な意味を持つ砦であり、鄴城独特のものとなっています。先ほど漢魏洛陽城の西北隅にある百尺楼・金墉城についてみましたが、やはり鄴城の影響を受けた可能性があります。第五に、考古調査と文献記載からみると、鄴城北側の宮殿区は、広徳門大道を主軸線として、西が外朝、東が内朝となっています。

三、墓葬考古

それでは次に、当時の墓葬についてみていきます。墓葬は、その埋葬施設や副葬品から、当時の葬送観念や葬送習俗、葬送活動について知ることができ、同時に当時の人々の現実生活の様々な面を反映しています。この三国時代の墓葬の発見は、二十世紀初頭の日本の学者による、遼寧省遼陽市の漢魏壁画墓の調査に始まり、四十年代には、中国

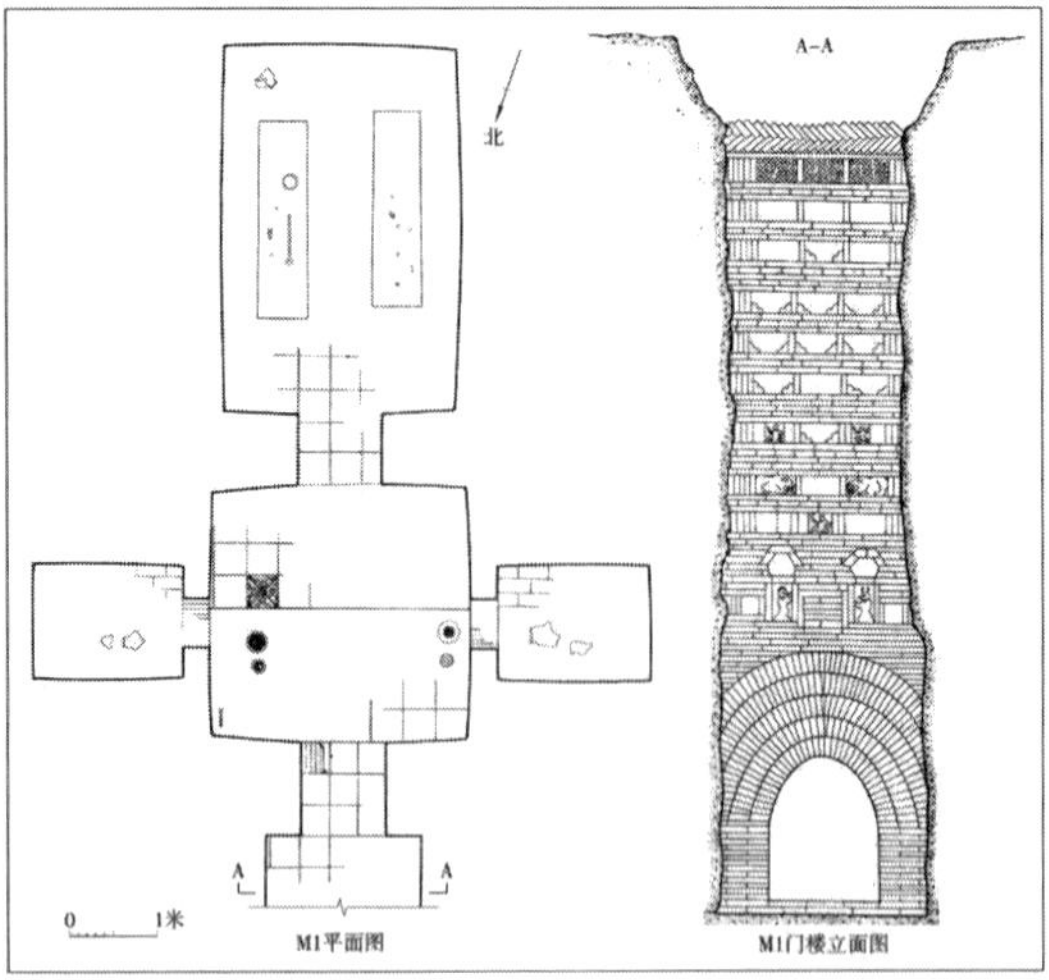

図十一　嘉峪関新城一号墓平面図および墓門・照壁図

の学者が敦煌佛爺廟湾で魏晋墓を発掘し、その後五十年代以後、三国時代の墓葬は全国各地で発見されています。北方地域の曹魏およびその前後の墓葬では、主に黄河中下流域及びその周辺の中原地域、河西走廊を中心とする西北地域、遼寧を中心とする東北地域の三つの地域で主に発見されています。そして、各地域の墓葬には共通する時期的特徴もありますが、同時に明らかな地域的特徴も見られます。

一．西北地域

まず西北地域の墓葬についてですが、地表上には多く封土が見られ、墓葬の外には石を用いて区画がなされています。墓葬の構造には磚室墓と土洞墓の二種類があり、一般にスロープ状の墓道をもち、前中後の三室ないし前後二室のものがあります。中には前室の両側に耳室を具えるものもあります。大型墓・中型墓の墓門上には、磚築で楼状の照壁を形成し、その上面は木材で庇がかけられます。墓内には多く壁画や小磚画が見られ、その内容は、日常生活の場面や伝説故事等様々です。一例として嘉峪関新城墓地がありますが（**図十一**）、副葬品は主に日常品の陶器です。

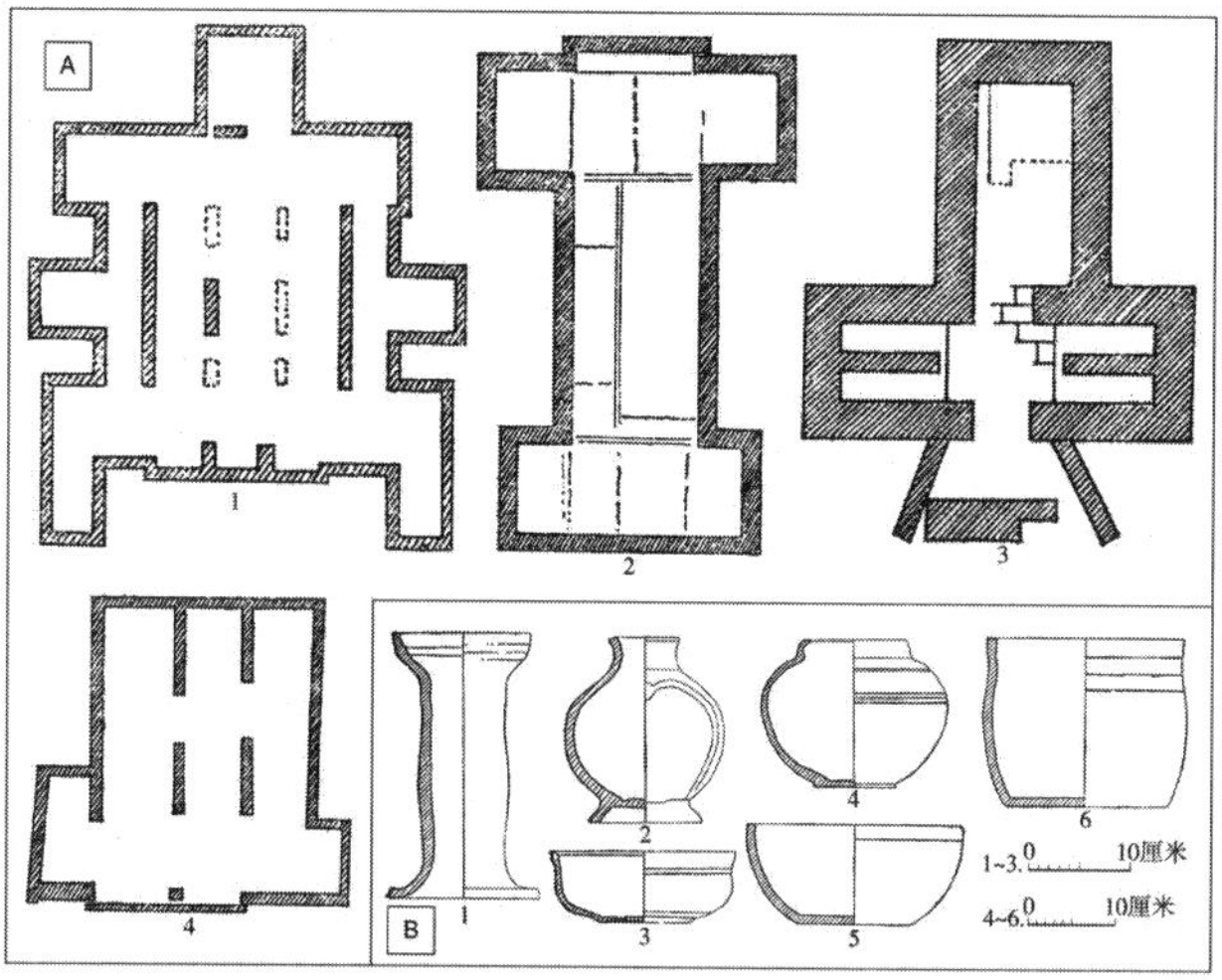

図十二　東北地域曹魏墓

二．東北地域

次に東北地域の墓葬についてみていきますが、この地域の曹魏時代の墓葬の構造は、西北地域とは異なる点があります。主に、石塊または石板で墓室を構築し、特に回廊をもつ点が特徴です。主な副葬品は陶器で、多くが盗掘されているので不明でありますが、このような種類の陶器が典型的なものです（図十二）。墓室の内壁にはしばしば壁画が描かれており、壁画の内容や描き方が、西北地域とは異なっています。

三．中原地域

それでは中原地域の曹魏墓をみていきます。発見された墓葬は非常に多く、広範に分布しています。その構造から二種類の墓葬に分けられます。一つは土洞墓で、一つは磚室墓です。まず土洞墓ですが、地下に横向きに掘った墓室で、磚石を用いず多くは単室墓です。洛陽焼溝一四七号墓について見ますと（図十三）、その構造は、階段式スロープの墓道・通洞・竪井墓道・墓門・封門磚・甬道・墓室などで構成されています。その総長は十五・四一

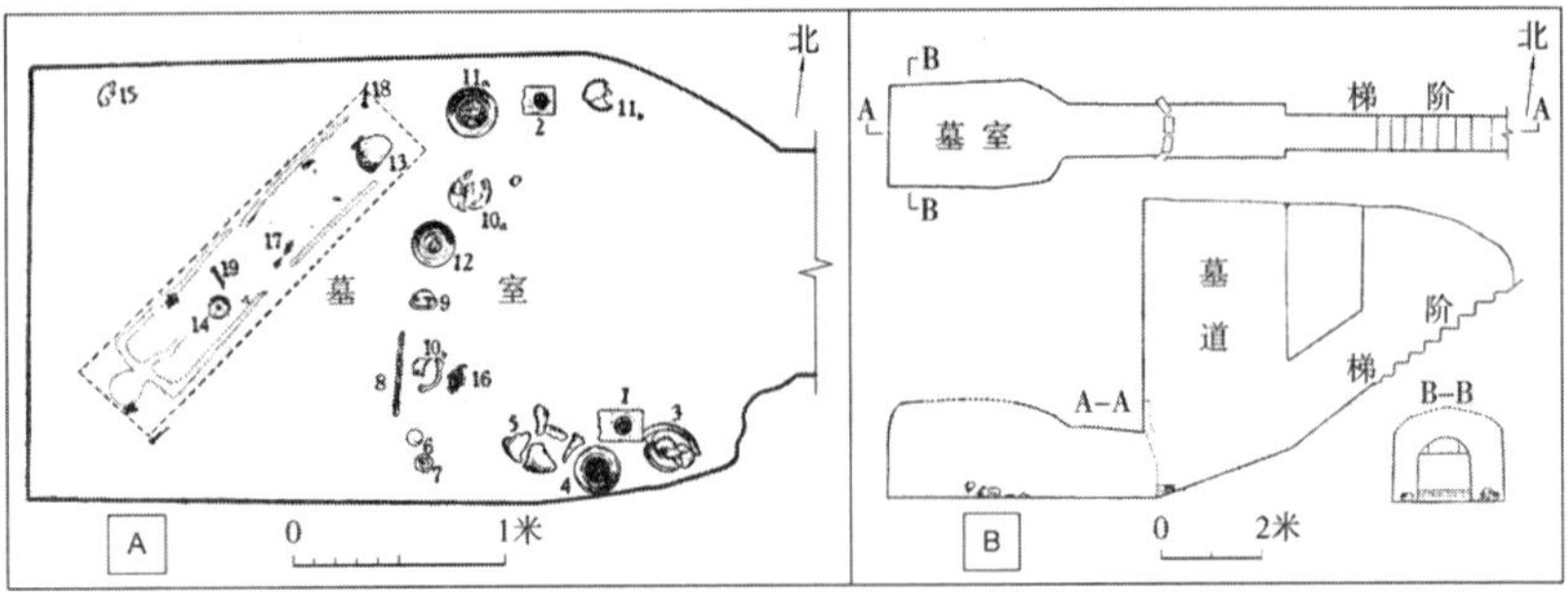

図十三　中原地域漢末曹魏墓（洛陽焼溝一四七号墓）

mとなっています。その棺木は墓室の中部と後部に置かれており、前部には副葬品が置かれています。そして、副葬品のうち、陶瓶に朱書で「初平元年……」と書かれており、その埋葬年代が西暦一九〇年と分かります。

続いて磚室墓です。磚室墓はレンガで墓室を築いた規格性のある墓葬で、大・中型の墓葬ではスロープ状の墓道があり、その両側はたいてい階段状になっています。また、一般に石門を設置します。多室墓と単室墓があり、多室墓は前室と後室だけのものもあれば、前室両側に耳室を付設したものや、前室・後室それぞれに耳室をもつものがあります。少数ですが、墓内に壁画を描くものもあります。副葬品は豊富で、陶製日用器具や模型明器、俑類や金属器・玉器等が見られます。代表的な洛陽澗西二〇三五号墓を見ますと（**図十四**）、その構造は、まず墓道があり、そこから甬道に入り、主室に至ります。主室両側には耳室があり、主室から甬道を通って後室に至ります。全て磚で築かれたものです。様々な副葬品が埋葬されています（**図十五**）。そのうち帳部品に「正始八年八月」の銘があり、その埋葬年代が西暦二四七年と分かります。

また、洛陽朱村B二号墓を見ますと、墓道から甬道を通り主室に入り、主室側面に側室があります（**図十六**）。墓室内には三幅の壁画があります。

以上にみたほか、この時期の墓葬として、土洞と磚築が結合した墓葬があります。偃師杏園六号墓は、墓葬の構造は同様ですが、前室が磚築で、後室が土洞と

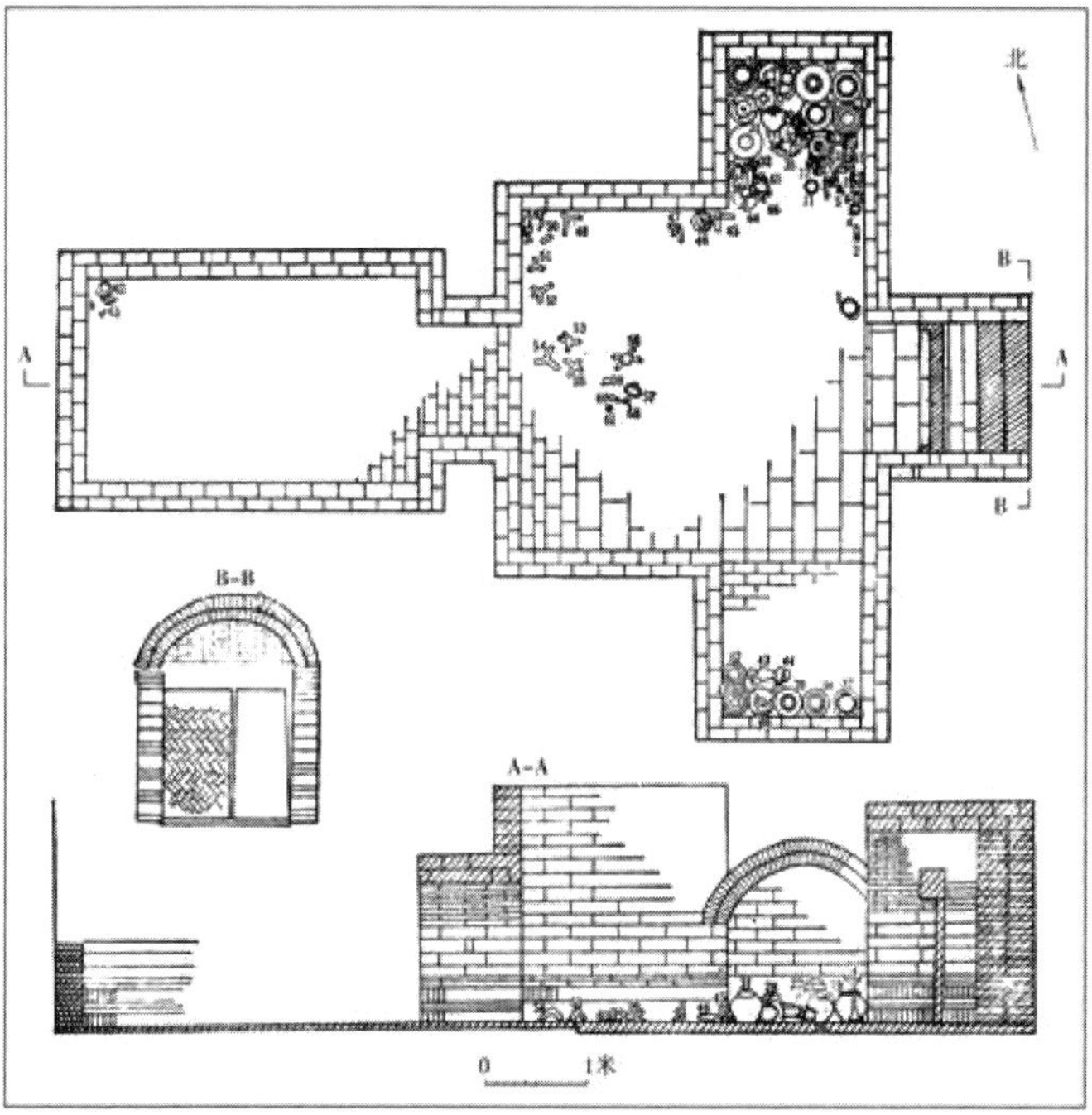

図十四　中原地域漢末曹魏墓（洛陽澗西二〇三五墓）

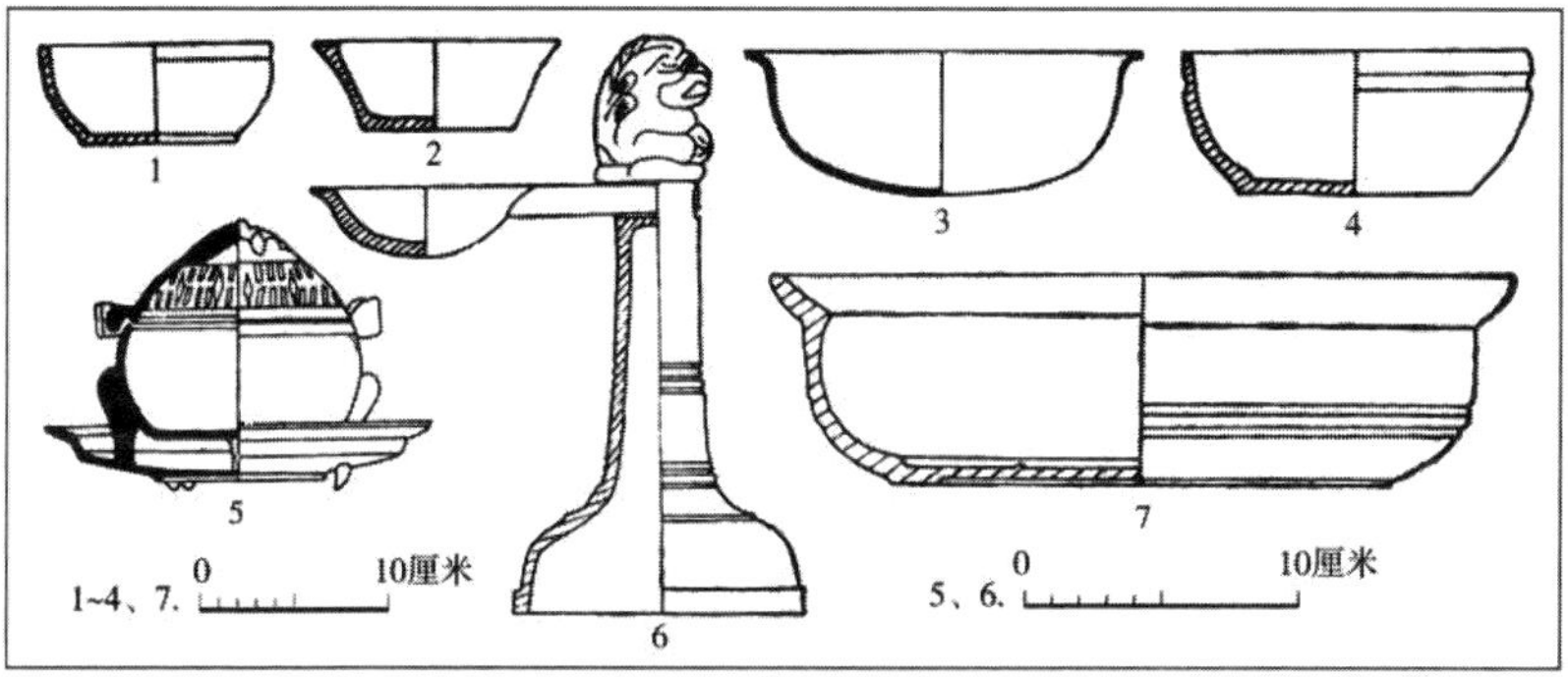

図十五　洛陽澗西二〇三五墓出土遺物

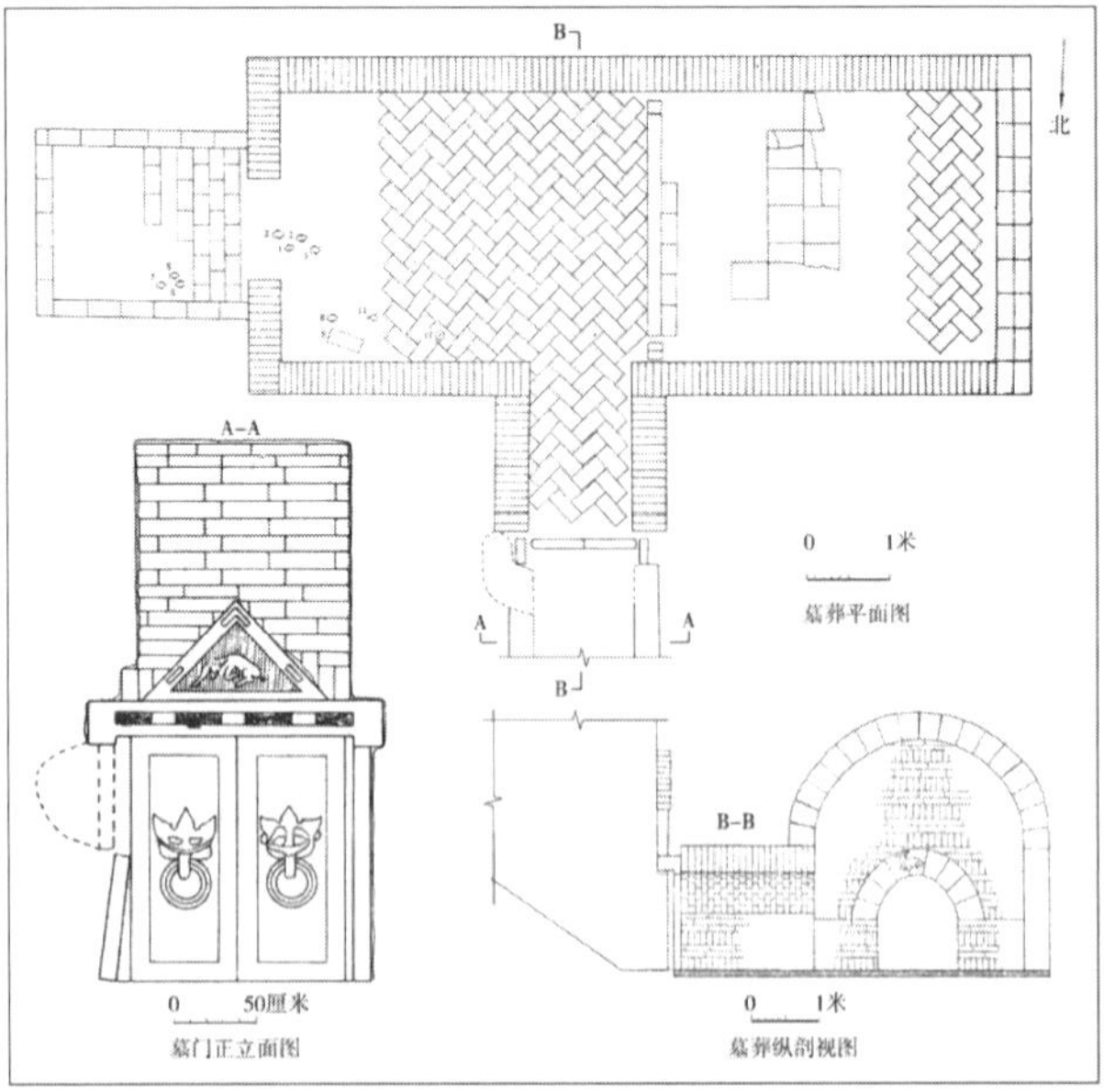

図十六　洛陽朱村Ｂ二号壁画墓

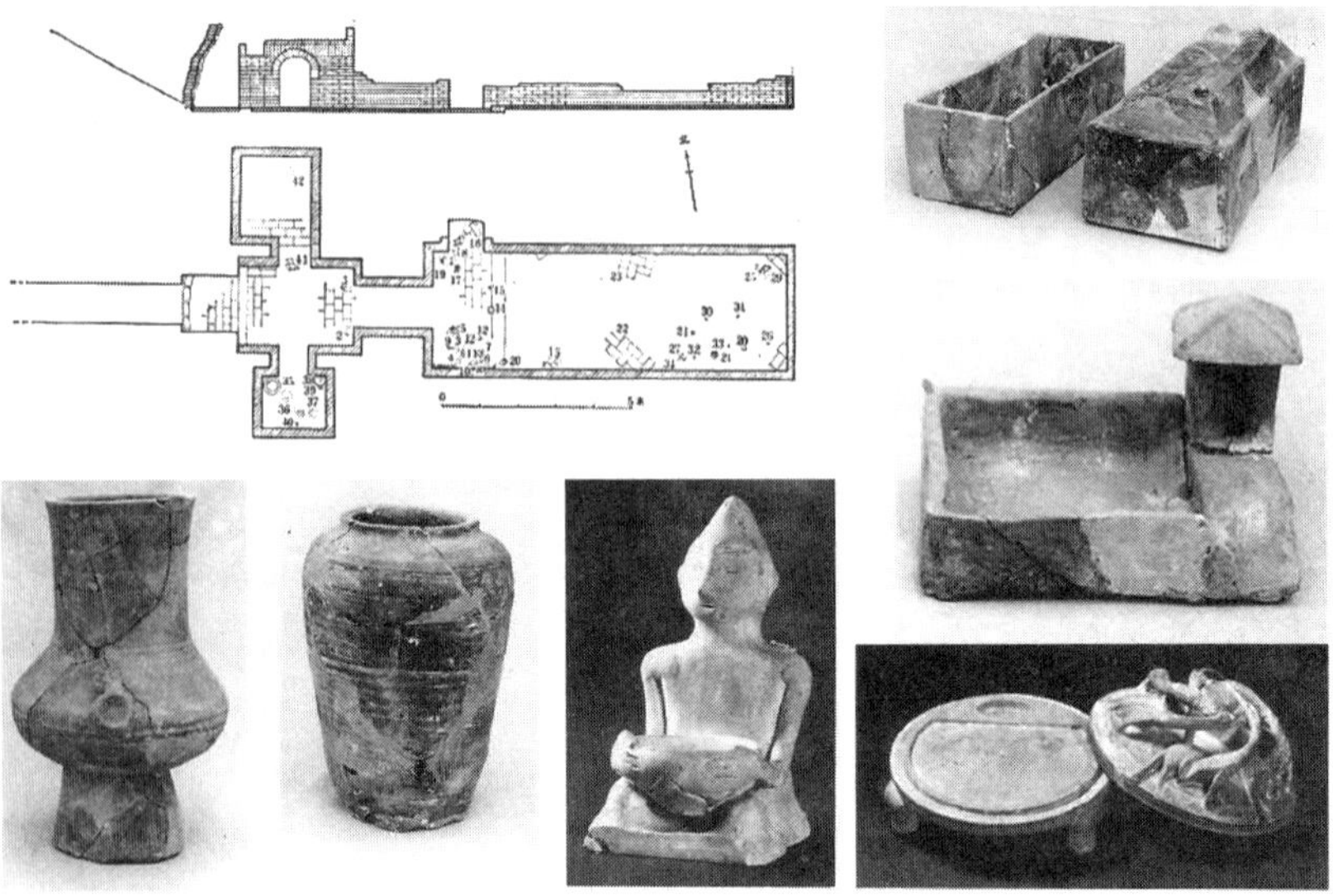

図十七　洛陽偃師杏園六号墓と出土遺物

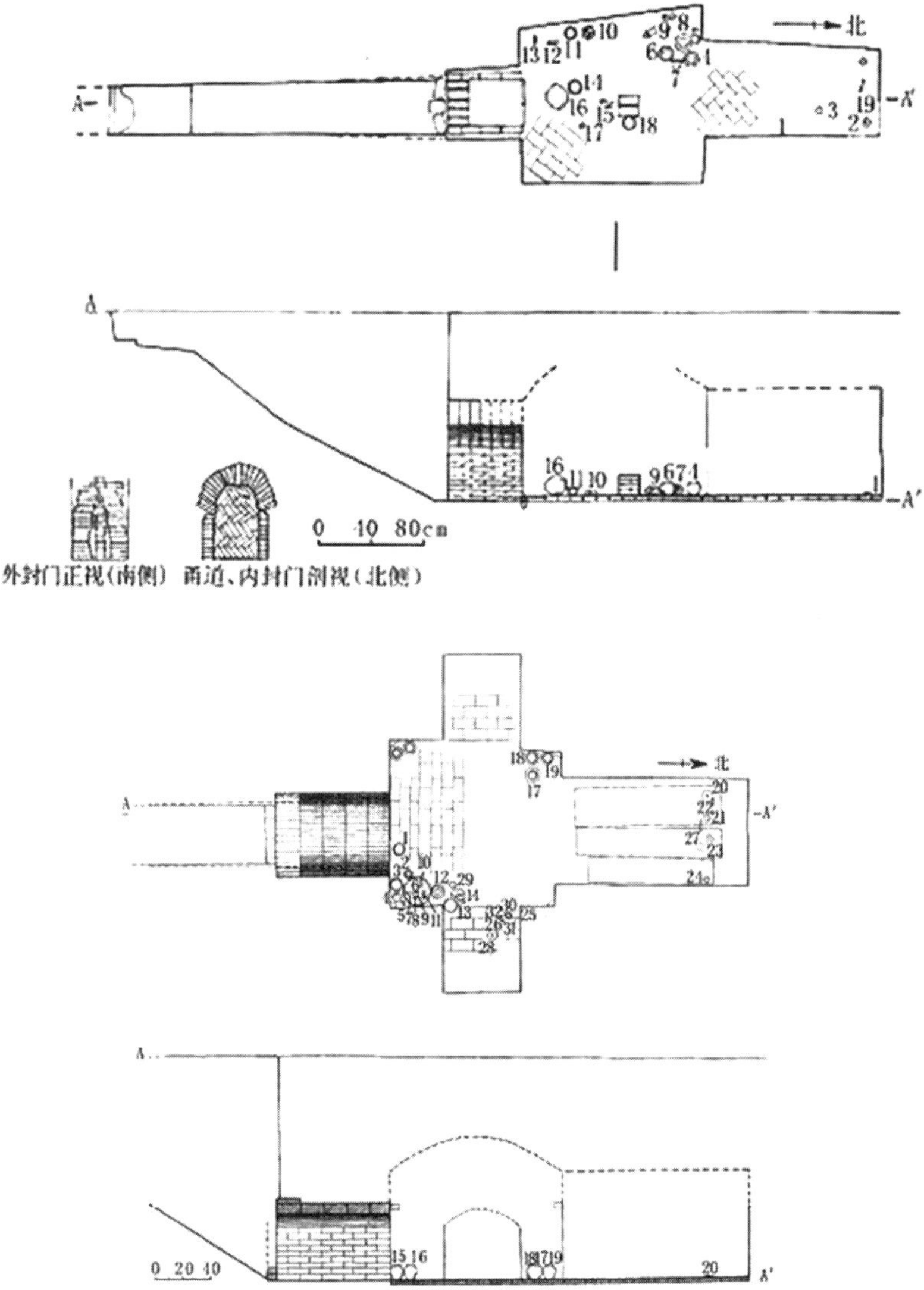

図十八　西安郭杜鎮一三号墓（上）・一四号墓（下）

なっています（図十七）。俑・猪圏など各種遺物が出土しています。また西安郭杜一三号墓を見ると（図十八）、構造はやや簡略ですが、甬道を磚で築き、墓室底部を磚で舗装していますが、前室・後室ともにその天井部分は土洞となっています。もう一つ、西安郭杜一四号墓ですが（図十八）、一三号墓の近くにありますが、こちらは耳室を伴っています。共通点として、墓道・甬道が磚で築かれていますが、前室・後室・耳室が土洞となっています。

このように三国時代考古の新展開の中では、墓葬の発見が相次いでいますが、特に大型の磚室墓の発見が注目されるのであり、二〇〇九年発見の曹操高陵や、二〇一〇年発見の曹休墓などがそれであります。これについては潘偉斌先生、張志清先生から詳しい報告があると思います。

四、社会生活考古

続いて、都城・墓葬などで出土した資料から、三国時代の社会生活について、簡単ながら見ていきましょう。まず、社会生活の基礎は生産であり、古代社会の生産は、主に農業と手工業の二大領域があります。その中で、生産のための工具に関しては、三国時代すでに完全に鉄器化していました。農業では、当時の北方地域では主に粟・黍・麦・菽類、また稲などの作物を栽培し、牧畜・家畜飼養や果樹・経済作物の栽培を行い、これが農業生産の主な状況でした。甘粛省嘉峪関新城墓地で発見された画像磚に、様々な農業活動の様子や採桑・果樹園の様子などが描かれています（図十九）。また、こういった画像や、墓葬出土の猪圏や家畜の模型などから、家畜飼養が重要であったことが分かります。また、農業地帯ではなく、西北地域などでは、放馬・放羊など牧畜の様子を示す画像も多く見られます。

当時の手工業生産についてですが、出土遺物から、当時の製鉄業・鋳銅業・窯業・漆器製造業・紡織業など様々な

一. 農耕

二. 農耕

三. 農耕

四. 農耕

五. 農耕

六. 農耕

七. 採桑

八. 果樹園

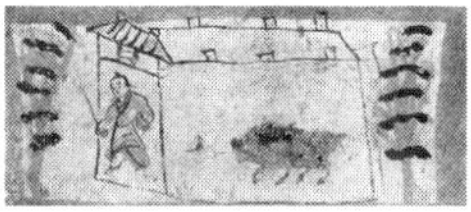
九. 家畜飼養

十. 放牧

十一. 放牧

十二. 狩猟

十三. 調理

十四. 調理

十五. 宴席

十六. 宴席

十七. 宴席

十八. 汲水

十九. 汲水

二十. 牛車

二十一. 駅伝

図十九　甘粛省嘉峪関新城墓地出土画像磚

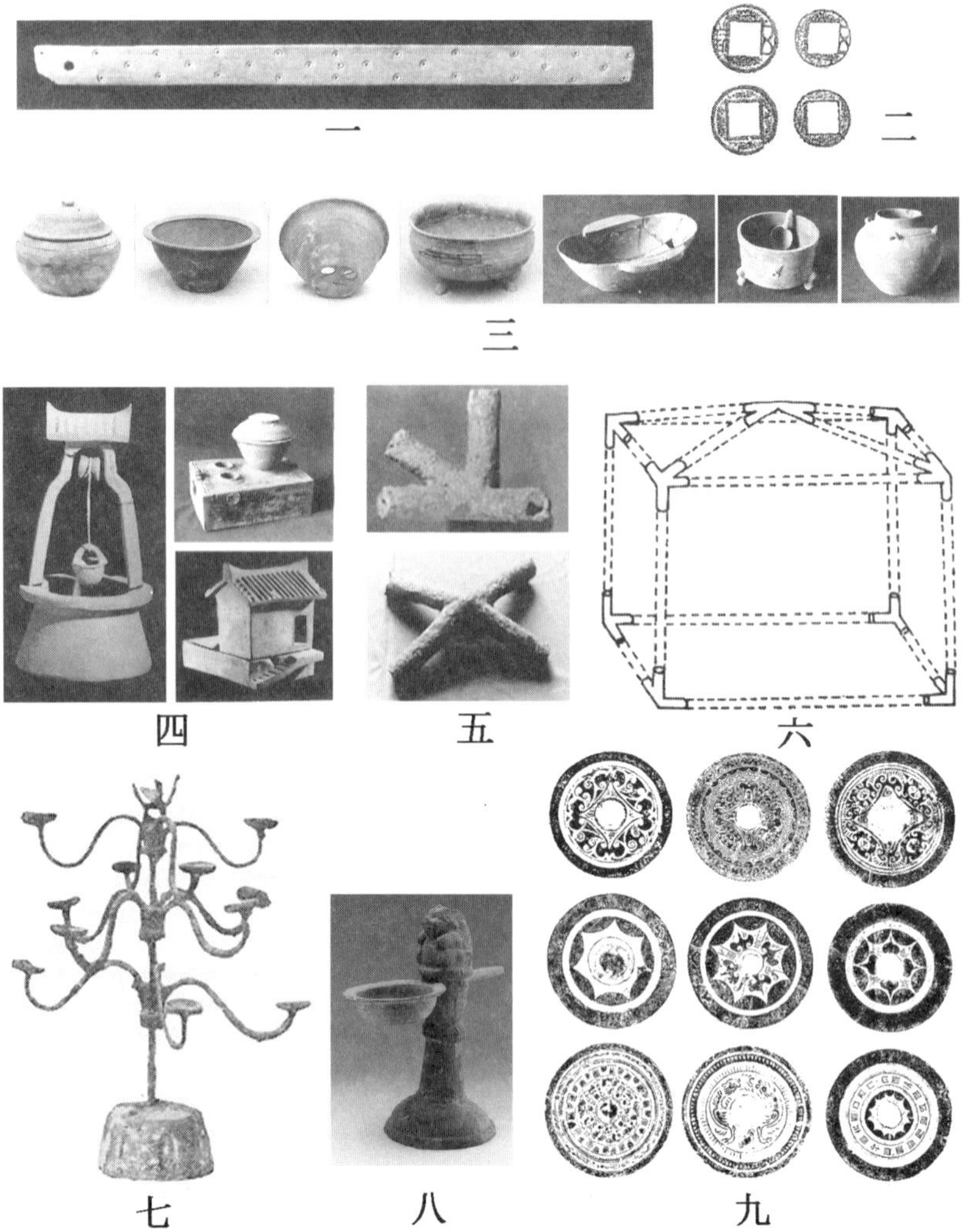

図二十　各種出土遺物1

図二十一　洛陽朱村Ｂ二号漢末曹魏墓壁画宴飲図

一. 洛陽朱村B二号墓壁画馬車図

二. 偃師杏園二一一八号西晋墓出土陶牛車

三. 偃師杏園三四号西晋墓出土牽馬俑と鞍馬

図二十二　馬車図・陶牛車・騎馬俑

製造業が発達していたことが分かります。ただし、その製品が遺物として出土する事例は非常に多いわけですが、生産遺跡の発見は現在のところ多くありません。

以上のほか、商品の交換が当時非常に発達していましたが、度量衡器や銭幣などの出土からその状況を見ることができます。こちらは（図二十の一）、嘉峪関新城二号墓で出土した骨尺ですが、刻線は非常に正確で、一端に穿孔があり、紐をかけて使っていたようです。長さは二十三・八㎝です。当時の貨幣は、五銖銭が主でしたが（図二十の二）、その研究から三つの特徴が分かります。第一に小型化することで、最も小さいもので直径一・九㎝のものがあります。第二に流通貨幣が多様化することで、半両銭や貨泉が流通されます。第三に鋳造技術が粗雑になることです。

以上は経済的な面ですが、日常生活についても見ておきます。それは衣食住が主な内容ですが、考古資料の中に具体的な形で反映されています。例えば多くの墓葬で、糸織品が出土しているほか、衣服に関しては、洛陽朱村Ｂ二号墓の壁画を見ると、主人と侍者とで違いのあることが分かります（図二十一）。また嘉峪関新城墓の画像磚に農夫や狩人など様々な労働に携わる人物の画像がありますが、それぞれの服装には違う点も見られます（図十九）。

飲食生活についても、嘉峪関新城墓の画像磚に関連のものが見られます。また、そういった日常生活に関わる器物の出土は非常に多くなっています。典型的な例を見ると、これらの陶器などは（図二十の三）、その時期的特徴をよく表したものです。また、用水に関しても、画像に表現された以外に陶製明器等にその様子が表わされています。こちらは猪圏で、トイレと豚小屋が一緒になったものです。こちらはカマドです。こういった器物から、当時の生活の様々な場面がよく分かります（図二十の四）。

当時の居住建築についても、画像や模型などの考古資料からその様子が分かりますが、その生活に関して、例えば、洛陽澗西二〇三五墓で出土した鉄製帳部品があります（図二十の五・六）。これは曹操墓でも発見されています。また、

図二十三　曹魏墓出土陶俑

代表的な日用品として灯があります（図二十の七・八）。これには陶製や鉄製のものがあります。また当時の日常生活でよく使われたものとして銅鏡があり（図二十の九）、現在の考古学者にも非常に注目されるものです。特に述べておきたいのは、後漢後期から曹魏時代にかけて、銅鏡も多く使われていた他、鉄鏡が広く使われたことです。西安郭杜十四号墓、嘉峪関新城一号墓、曹操高陵、洛陽曹休墓などで発見されており、文献によると、曹操が漢献帝に送った品物の中に、金銀を象嵌した鉄鏡が含まれていました（『太平御覧』巻七百十七服用部）。

当時の交通手段を見てみると、主に車と騎馬がありました。車には馬車と牛車がありました（図十九、図二十二）。馬車は上層の身分の人に用いられ、牛車は比較的下層の人に用いられ、また荷物を運ぶのに用いられました。洛陽朱村B二号墓の壁画を見ると、おそらく墓の主人が馬車に乗ったものと思われます。また牛車は、西晋時代になると、上層の人々に好まれたようです。騎馬ですと、多くの墓葬から騎馬俑などが出土し、壁画にも表わされており、騎馬も当時の交通手段として重要でした（図二十二）。

精神文化活動について簡単にみますと、その産物として、墓葬壁画が中原・西北・東北の各地域に普遍的に見られます。もう一つ陶俑がありますが、曹魏時代にも、漢代に引き続きこういった陶俑が見られます（図二十三）。しかし、一般にサイズが小さく、作りも粗雑になっていきます。こういった事例から、当時の人々の宗教信仰と生死観などの精神世界を垣間見ることができるでしょう。

五、おわりに

以上、三国時代の城址・墓葬・社会生活など考古資料について見てきました。そして、いずれの面においても新たな進展があり、特に北方曹魏の地域では顕著であります。そのため、この時代の物質文明・政治文明・精神文明を考古学から語ることが可能になり、そして今後の三国時代考古のさらなる研究の進展に、基礎を打ち立てることとなりました。しかし、ここで指摘しておかなければならないのは、三国時代というのは、冒頭で述べましたように、百年に満たない時代であり、社会文化、特に物質文化の変遷においては、持続性が強いものです。そのため、明確な紀年をもつような遺物などがなければ、後漢時代・西晋時代と明確に時期を分けることが難しいのです。それゆえ、研究を待つ問題が多く残っているわけです。そういった意味で、曹操高陵の発見は、三国時代の考古学にとって貴重な新資料となっただけではなく、三国時代考古学をさらに促進するものとなるのです。

三　曹操高陵の発見と発掘および初歩研究

潘　偉　斌
（河南省文物考古研究所）

今回、曹操墓の発掘担当者として、基本情報、すなわちどのような経緯で発見し、発掘していったか、そしてなぜ曹操墓と認定するに至ったか、お話ししていきたいと思います。

一、曹操高陵の歴史伝説

まず、曹操墓にまつわる伝説についてお話ししたいと思います。曹操高陵には地面上に封土などがなく、特に宋代以後は地面上にそれと示すものが何もなくなり、その場所については分からなくなったようです。しかし、曹操は非常に著名な注目される人物であるため、その墓が一体どこにあるのかということがしばしば言及され、そういったことから様々な伝説が生じることとなりました。

その一つが許昌城外説で、清代の蒲松齢『聊齋志異』にある説話の大意を述べますと、許昌城外の河で洞穴が見つかり、そこには曹操の墓を示す漢隷銘を記した石碑があり、棺を壊して財宝を得た、というものです。

もう一つが漳河河底説で、清代の沈松『全健筆録』に引く『堅瓠続集』にその伝説があります。大意は、順治初年に漳河の水が枯れ、河底に深い割れ目が発見され、その中に入っていくと、石門があり、開けてみると、何人もの美女があるいは座りあるいは立っており、しばらくすると全て灰塵に帰してしまった。その傍らには石棺があり、衣冠を具えた王者が横たわっていた。石碑に曹操と記されていた、というもの。

また、近代の鄧之斌『骨董瑣記全編』に、漳河北の彭城鎮に曹操墓があったとする話がありますが、こういった伝説はいずれも根拠はなく、信用に足るものではありません。

そういった中、最も有名なのが、「七十二疑冢説」です。『輿図必考』に、磁州（現河北省磁県）の漳徳府講武城外に、七十二か所の曹操の疑冢のあったことが記されています。実際に、この地にはたくさんの封土をもつ墓があるのですが、清末民初にはこの地域は荒れ果て、「七十二疑冢」の多くが盗掘されます。しかし、出土遺物などからみて、その多くが北魏・北斉時代の王公貴族墓であることが証明されました。その後の考古調査から、その中に、東魏皇陵区と北斉の皇陵区があり、東魏静帝天子塚や東魏の皇族元祜墓、蠕蠕公主墓、斉獻武帝の子息高洋陵墓などが発見され、三国時代の墓葬はないことが分かっています。

ところが元代の納新『河朔訪古記』などには、やはり講武城外に、曹操の疑冢があり、曹操が後人を惑わし盗掘させないためにつくったとし、その盛り土の間には華麗な曹公廟があったと述べています。

唐代の文献を見ると、貞観十九年（六四五年）に、唐の太宗李世民が高句麗遠征の途上、鄴城を過ぎ、その時自ら曹操を祀ったことが記されていたり、同じく唐の『元和郡県図志』にも、曹操高陵の地理位置が記されています。そういったことから、唐代には曹操墓の位置は明らかでありました。最近安陽の曹操高陵の近くで石碑が発見され、そこには、唐代にこの一帯を西陵郷と称していたことが記されており、曹操高陵と関わるものです。

ではなぜ、七十二疑冢説ができたかというと、まず、宋代になると皇帝権力が強化され、忠君思想教育が推し進められ、儒学が盛行します。同時に宋王朝の正統な継承地位確立のため、正統思想の強化が図られていきます。そこで梟雄曹操は権力者・奸臣の代表人物となっていくわけです。そして、「七十二疑冢」の最初の伝説は、王安石の一首『疑冢』詩に起因しています。そこには、銅雀台の西に「八九丘」があり、荒れ果てていた、という内容があります。これが後の人に、王安石が曹操高陵の荒れ果てていたことを述べていると誤解され、それを漳河北岸の先ほどの墓群であり、かつ曹操の疑冢と考えたわけです。そして、その「八九」を掛けて、七十二の数を導き出したのです。

宋代後期には、宋と金が対峙し、中原を逐われた宋朝は自らを蜀漢になぞらえ、金朝を、国を奪った曹魏になぞらえます。一方金朝は却って曹魏を正統とみなし、毎年陵墓に赴き曹操を祀り、盛り土を修復するなどしていました。ただし、曹操高陵は地上ではすでに識別できず、金人は、まちがったままに七十二冢を曹操の墓葬として祀っていました。加えて、年々盛り土が増えていき、こうして、七十二疑冢というものが成立していくわけです。羅大経『鶴林玉露』巻十五に、「漳河上に七十二冢あり、相伝えて曹操疑冢なりという。北人歳に増してこれを封ず。」とあります。そして清代の毛宗崗は、陶宗儀の『輟耕録』などの資料に基づき、『三国志通俗演義』の中に、「また遺命して彰徳府講武城外に、疑冢七十二を設立し、後人に吾を葬するところを知らしむるなかれ、人の発掘するところとなる故を恐れるなり、と。」という一文を加え、これにより、漳河沿いの北朝墓地は曹操の七十二疑冢と言い伝えられるようになったわけです。

この他に、亳州故郷説があり、ここでは曹操の一族の墓が実際に発見されています。

二、曹操高陵の地理位置

つづいてその地理位置について見ていきます。曹操高陵は河南省安陽市の約十五km西北にある安陽県安豊郷西高穴村に位置し、西は太行山脈に依り、北は漳河に臨み、南は南嶺に依り、地勢は高くなっています。唐李吉甫の『元和郡県図志』相州鄴県条に、「魏武帝西陵は県の西三十里にあり。」とされ、同書には西門豹祠が鄴城の西十五里にあることが記され（図一）、実際の距離と合致しています。

三、曹操高陵の手がかり

そして近年の調査・研究により、曹操高陵について多くの手がかりが得られました。

一九九八年四月、漳河南岸で、西高穴村の村民徐玉超が村の西で土取りをしていた際に、後趙建武十一年（三四五年）の大僕卿駙馬都尉魯潜墓誌を偶然掘りだしました。そこには、「墓在高決橋陌西行一千四百廿歩、南下去陌一百七十歩、故魏武帝陵西北角西行四十三歩、北廻至墓名堂二百五十歩」と記載され、これは初めて魏武帝陵の具体的な方角を記したものとなりました（図二）。

また、二〇〇六年の初め曹操墓が盗掘され、その原因は、墓の西側でレンガの土取りのため大きな穴を掘ってしまったからなのですが、以後何度も盗掘を受けることとなり、文物も持ち出されてしまいました。その後、二〇〇八年春に中央電視台が『尋找曹操墓』を撮影し、盗掘者の持ち出した一枚の「魏武王常所用」石牌の写真を得ました。そして私にその真贋の鑑定を依頼したのですが、写真を見た限り本物でした。この石牌は、下半分の字跡が不明瞭でしたが、上半分の「魏武王」の三字は極めて明瞭でした（図三）。その後の研究で、実際の銘文は「魏武王常所用挌虎大刀」であると分かりました。

この他、公安により盗掘者のもち出した、この石牌や石璧残塊が回収されるのですが、この石璧は、その後の発掘で墓室から出土した石璧と接合しました（図四）。ですから、盗掘者の持ち出したのが、この墓からだということが証明されたわけです。また、盗掘者の持ち出したものに石枕があり（図五）、その背面に「魏武王常所用慰項石」と銘があります。また同じく公安により盗掘者の手にあった三つに壊された画像石が回収され、完形に復元されました

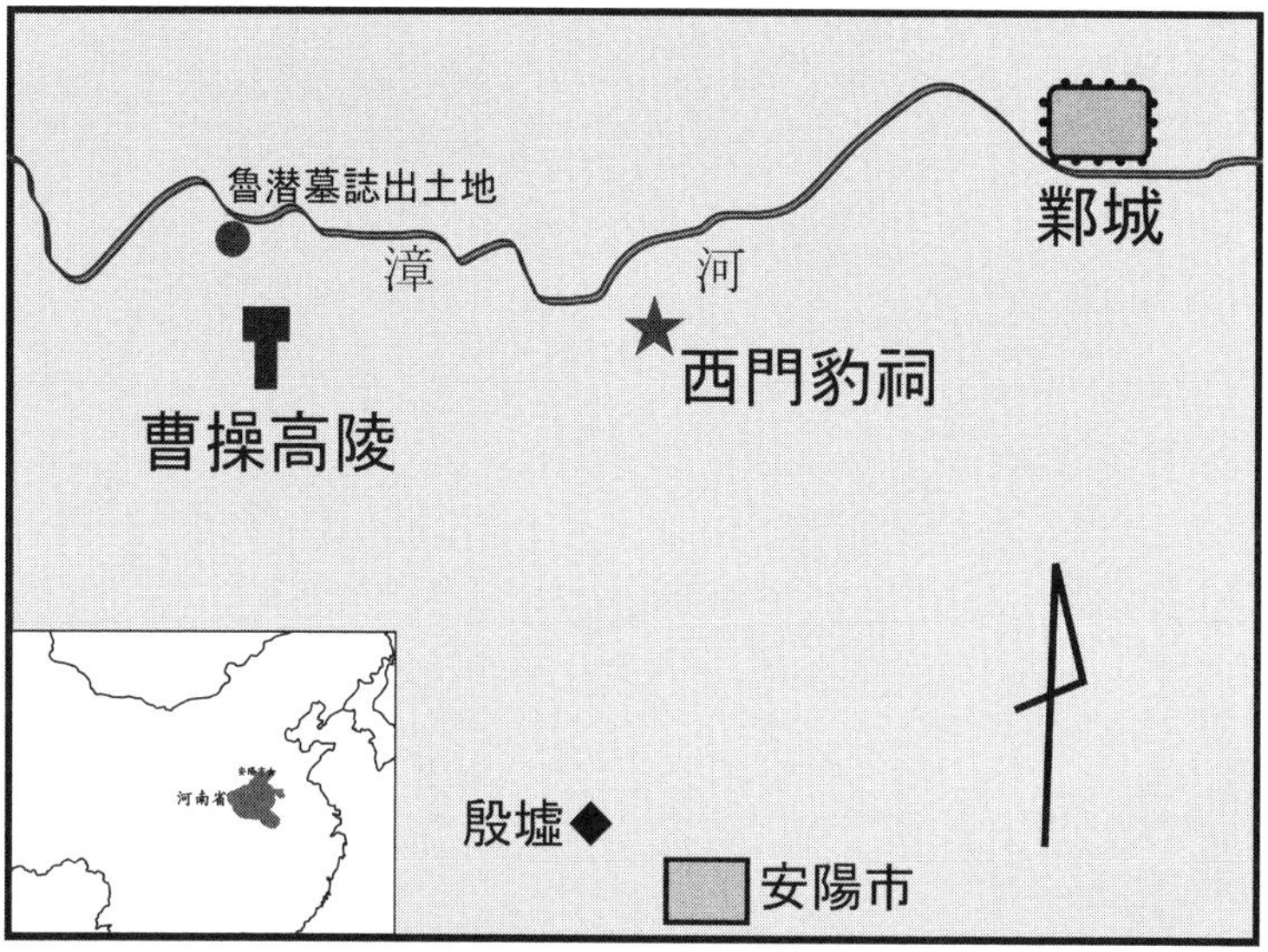

図一　曹操高陵位置

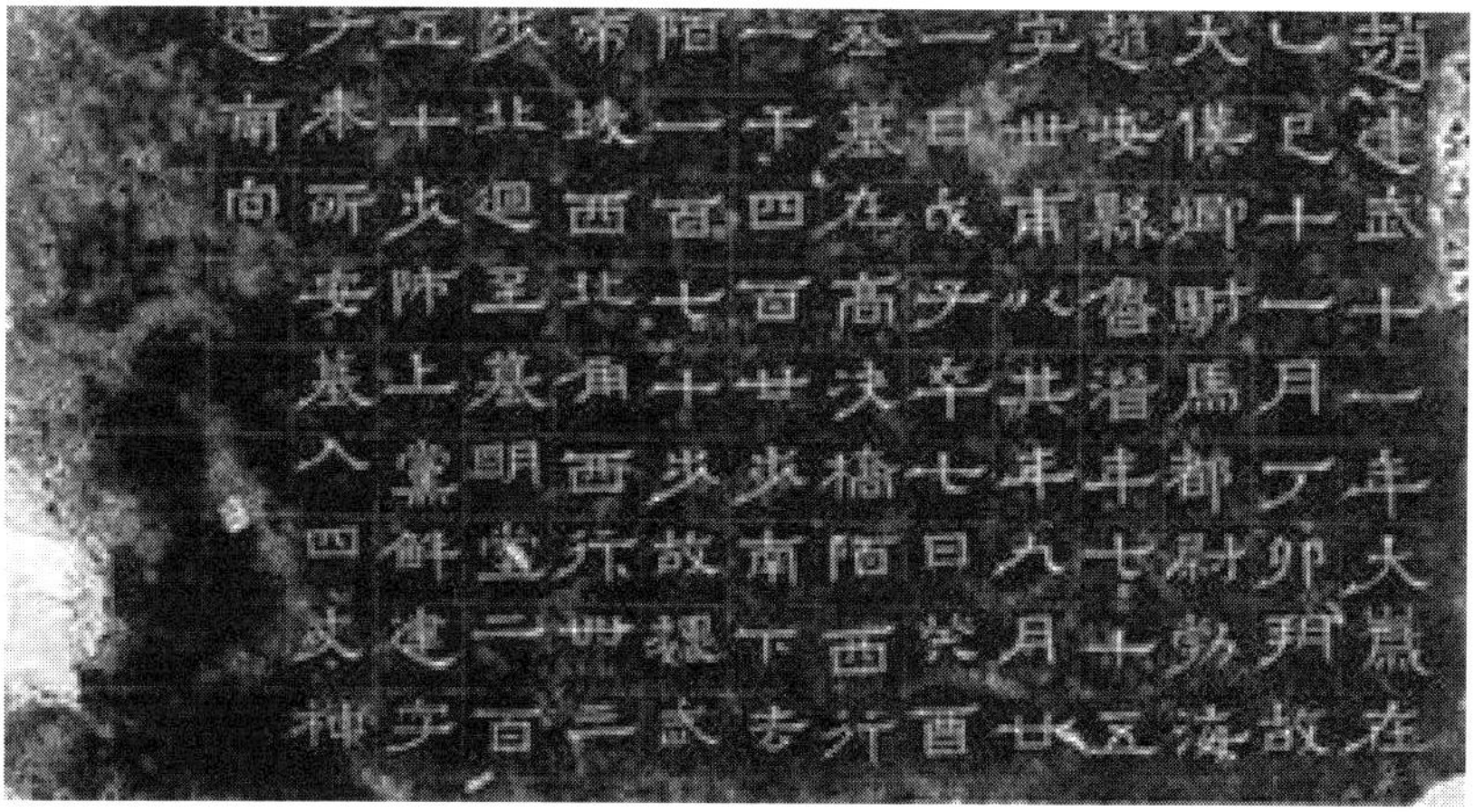

図二　鲁潜墓誌

図三　「魏武王」銘石牌

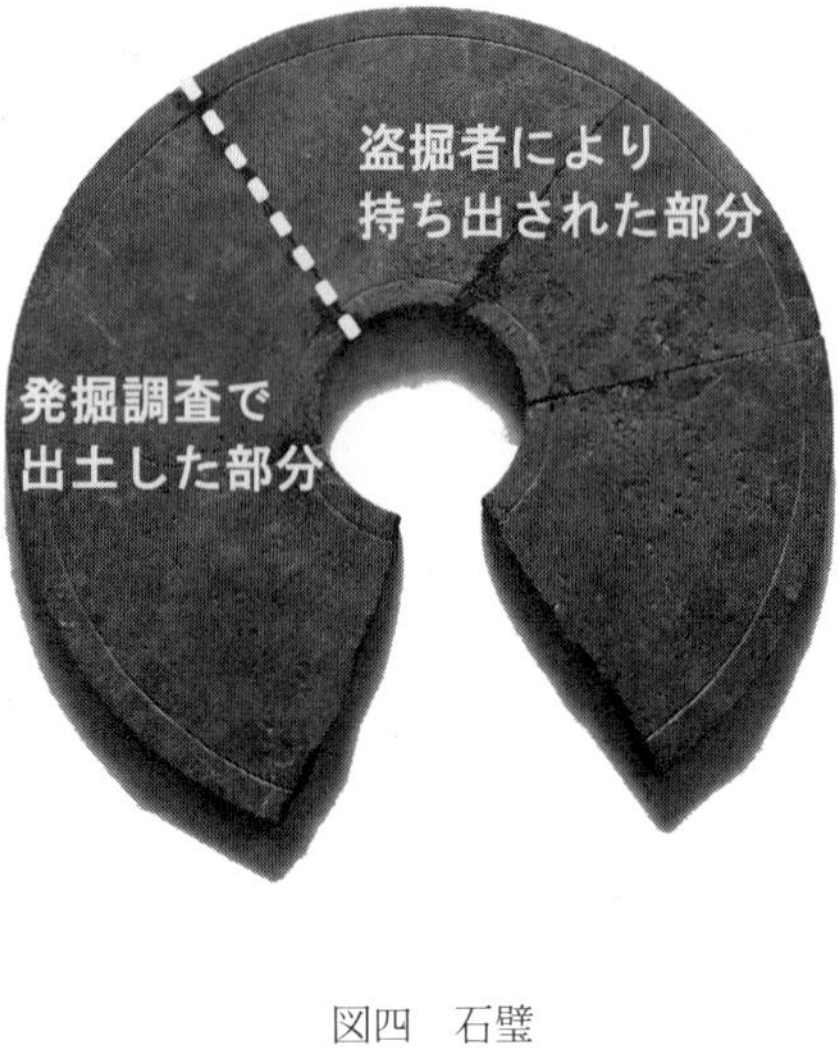

図四　石璧

（図六）。

そして、文献にみられる手がかりが、一つは『三国志』魏書武帝紀にある曹操の遺言であり、「建安二十三年（二一八年）六月令して曰く、古の葬するものは、必ず瘠薄の地に居す。それ西門豹祠の西原上を規し寿陵をなせ。高きに因りて基となし、封ぜず樹せず。」とあり、西門豹祠の西に墓を築くことが記されます。そして、先ほどの『元和郡県図志』に見られる地理位置が、さらにその具体的な距離を示しています。

図五　石枕

図六　画像石摸本

四、曹操高陵の発見

それでは、実際の発見の様子をお話ししたいと思います。二〇〇六年、私は地元政府の知らせを受け、盗掘坑から墓室内へ入って調査を行い、この墓葬が後漢後期の、王侯クラスの大型墓葬であると確認しました。また、二〇〇七年には、魯潜墓誌が出土した地の周囲を調査しました。西高穴村の西北約五百ｍのところで、西高東低の地勢であることが分かり、また魯潜墓誌出土地の東南五百ｍにあるやや高い台地上に、大型板瓦や宮殿建築の門上に装着される銅泡釘などが見つかり、宮殿式建築のあったことが分かりました。これにより私は二〇〇八年九月に、台北故宮文物月刊に『曹操高陵今何在』の論文を発表し、曹操高陵が漳河南岸の河南省安陽県西高穴村にあることを論じ、さらに具体的な位置を西高穴村の盗掘された二号大墓であることを推定しました。実は二〇〇四年にも、私は『魏晋南北朝隋陵』という本を書いておりますが、そこでも曹操高陵の位置を西高穴村付近と推定していました。

五、曹操高陵の考古発掘と成果

それでは、曹操墓の発掘の状況について見ていきたいと思います。二〇〇八年十一月、私たちは国家文物局の許可を得て、河南省文物局の管轄の下、河南省文物考古研究所により考古隊が組織され、二〇〇八年十二月六日、西高穴墓地内の二基の盗掘を受けた大墓に対する緊急考古発掘を始めました。二基の墓はそれぞれ一号墓、二号墓と編番し、二号墓が曹操墓であります（**図七**）。曹操墓の周囲には遺構が多数確認され、柱穴などが並んでいます（**図八**）。

図七　西高穴村一号墓（左）・二号墓（右）

図八　二号墓平面

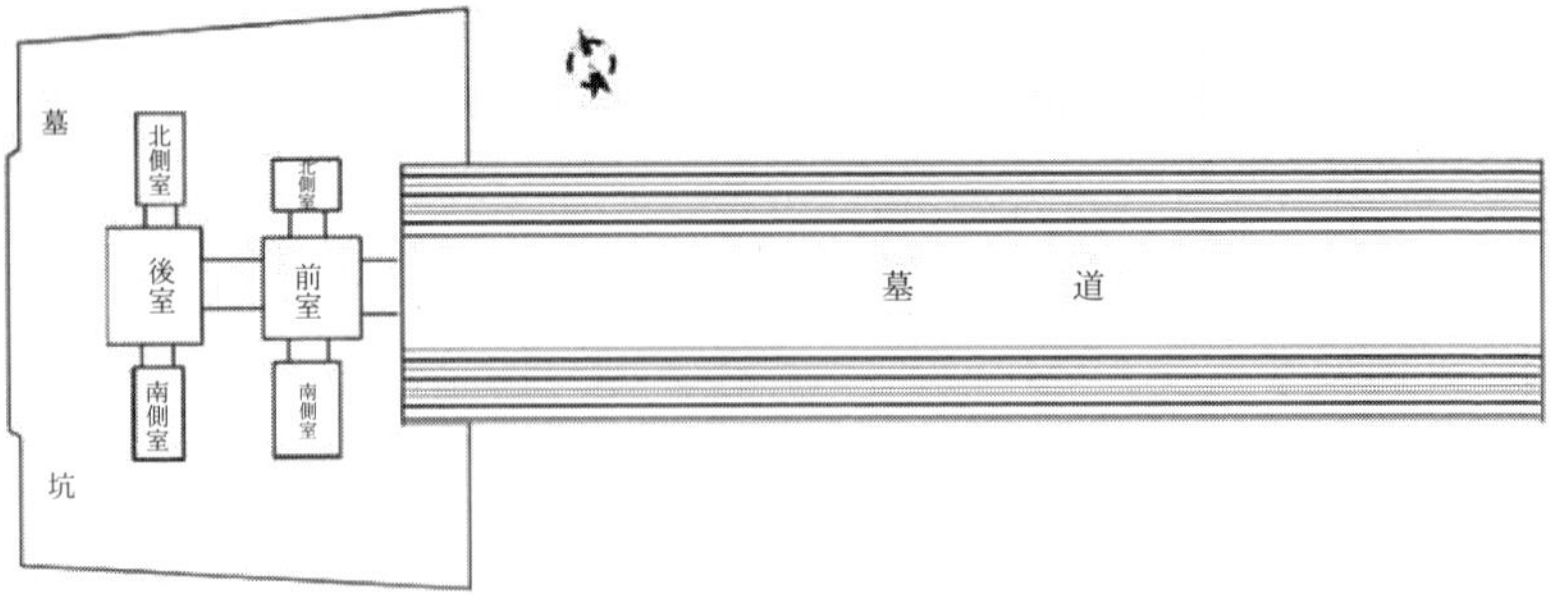

図九　二号墓平面図

また、二号墓は西に座し東に墓道が向く方向で、約百十度東にぶれています。墓坑平面は前が広い台形で、東側の最も幅の広い部分で二十二m、西面で十九・五m、東西長十八mとなっており、墓坑総面積は四百平方mに達し、墓道を含めた墓葬全体の面積は七百三十六平方mに及びます。そして墓葬は墓道・墓門・甬道・墓室・側室などから構成されます（**図九**）。

墓道はスロープを形成し、全長三十九・五m、上部幅九・八m、最深部は地表から十五m程の深さで、墓道両壁はそれぞれ七段の階梯を形成しています（**図十**）。墓門近くには磚積みで壁が作られ、その中には木の柱が埋め込まれており、墓門を守る役割のものであったと思われます。墓門の幅は一・九五m、高さ三・〇二mで、頂部はアーチ状であり、三列の磚壁で封じられており、その厚さは一・二mに達しています。

前室平面は方形に近く、東西長さ三・八五m、南北幅三・八七m、四角錘状の天井頂部となっています（**図十一**）。その南北両側に側室があり、南側室平面は南北長さ三・六〇m、東西幅二・四〇mの長方形で、アーチ状の天井頂部となっています。北側室平面は、南北長さ一・八三m、東西幅二・七九mの東西に長い長方形で、四角錘状の天井頂部です。また前室では、墓壁の上部に近い位置の四周に四段に等間隔で鉄釘が打たれ、その釘頭は環状になっています。前室北側室の奥には盗掘坑が一号墓の方向に掘られています。また南側室も床

図十 墓道

図十一 前室

北側室　南側室

図十二　前室南北側室

の石板が外されており、盗掘者が探った跡です（図十二）。

後室は東西長さ三・八二m、南北幅三・八五mで、四角錐状の天井頂部です。やはり南北に二つの側室をもち、側室南北長さはどちらも三・六〇m、東西幅一・九〇mから一・九二mで、アーチ状の天井頂部となっています。また、後室でも四壁上に四段の鉄釘列があり、こちらは端部が鈎状になっています。後室の後部床面に六つの痕跡があり、これは石棺床が置かれた痕跡と考えられます（図十三）。また後室南北

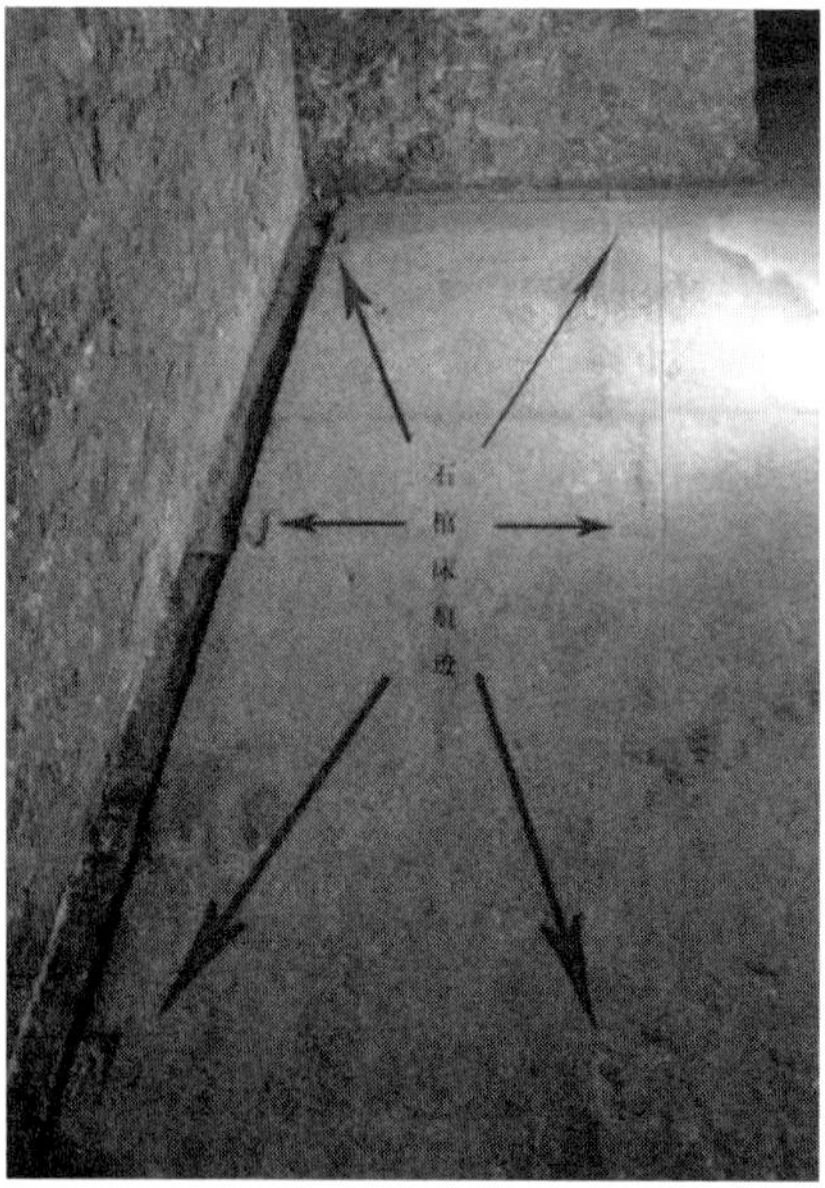

図十三　後室石棺床痕跡

図十四　後室南側室および鉄製帳部品

の側室では、木棺が残っており、またそこでは鉄製の帳のジョイント部分の部品が出土しています（図十四）。

続いて出土遺物について見ていきます。前室内では（図十五）、鎧甲・鉄刀・鉄剣・鏃・弩机部品などの武器類が出土しています。また圭形の石牌が出土しており、そこには「魏武王常所用挌虎大戟」、「魏武王常所用挌虎短矛」、「魏武王常所用挌虎大刀」といった銘のあるものが確認されています。また、鎏金蓋弓帽など車馬器部品があります。ほかに、大量の陶器残片があり、修復された器種には、灶・井・猪圏・鼎・壺・盤・罐・耳杯・三足器・豆・碟・碗・勺などが見られます。さらに、少量ながら青磁器と釉陶器が出土しています。前室南側室内では陶俑二点が出土しています。前室の門道部に近いところで、男性の頭蓋骨が発見されました。圭形の魏武王銘をもつ石牌は全部で八点出土していますが、いずれも同じ銘のものが二点ずつあります。またそれらは発掘調査において出土したもので、層位は非常に明らかです。

後室内では（図十六）、鉄鏡・石圭・石璧・漆木器な

図十五　前室出土遺物

図十六　後室出土遺物及び出土状況

どが出土しています。後室南側室の門道部分では、五十数点の刻銘牌が集中して出土しており、それらは六角形で、上部に穿孔があり、副葬品の名称・数量が刻されています。後室南北側室には、それぞれ木棺があり、その四周で鉄製の帳部品が出土しています。また後室内では二人の女性の頭骨・下顎骨・下肢骨・盆骨などが見られますが、攪乱されています。その周囲では、金糸・金ボタン・云母板・瑪瑙珠・玉珠・翡翠珠・真珠・玉觿および飾り箱の部品などが出土しています。

六、なぜ曹操墓であるのか？

それではなぜ、この墓葬が曹操の墓であるのか、お話したいと思います。まずこの墓を発掘する際、二〇〇九年の四月七日および六月二十三日の二回にわたり、発掘計画を検証しています。さらに二〇〇九年十一月十九日、十二月十三日の二度にわたり、国家文物局より専門家が派遣され、被葬者の身分について詳細な論証が進められました。そこには考古学者だけでなく、歴史学者、形質人類学者、古文字学者などが参加しました。そして被葬者が後漢末の魏武王曹操であるということで認識は一致しました。その理由を以下に見ていきましょう。

第一に年代ですが、墓葬の形態的特徴と出土遺物から、年代は後漢後期と判断できます。

第二にその墓の規模ですが、この墓葬と同時期の墓葬を比較すると、規模は広大で、風格が別格であり、構造は複雑で、埋葬位置が深く、墓道を見るだけでもその一端が分かります。墓道は四十ｍ近い長さで、上部の幅は十ｍ近く、最深部が十五ｍに達します。その幅を見ても、北斉の開国皇帝高洋の湾漳大墓の二倍以上であり、長さでも十ｍ以上も長いものです。そこから王侯クラスの墓であることは間違いなく、魏武王曹操の身分に合致します。また墓室の深

図十七　西門豹祠

さは、曹植の『誄文』に描写される「窈窈として弦宇、三光すら入らず」の特徴に符合します。

第三に曹操の『終令』に符合することです。曹操は建安二十三年（二一八年）六月に、『終令』により「高きに因りて基となし、封ぜず樹せず。」と下しました。この墓葬は海抜百七ｍから百三ｍに位置し、三㎞外の固岸北朝墓地よりも海抜にして十ｍ高く、「高きに因りて基」とすることに合致します。また今回の発掘調査では、墓室上に封土は確認できず、さらに立碑などの痕跡も見つかりませんでした。これも『終令』の「封ぜず樹せず」の要求に合致しています。

第四に文献にみられる地理位置と合致することです。曹操は『終令』において、「古の葬するものは、必ず瘠薄の地に居す。それ西門豹祠の西原上を規し寿陵をなせ。」と命じていますが、西門豹祠は鄴城故城の西、漳河南岸にあり、現在の漳河大橋から南へ一㎞の安陽県安豊郷豊楽鎮にあります（**図十七**）。その祠には宋代・元代・明代の碑文が残されていますが、『水経注』濁漳水条に、「漳水また東し武城南を逕す。……漳水また東北し西門豹祠前を逕す。祠の東側に碑あり隠起し、字詞堂なりて、東頭の石柱に勒銘していわく、趙建武中に修めるところなり、と。」という記載があります。その碑の建造年代は趙建武年間すなわち三三五年から三四八年です。そしてこの顕彰石刻は、数年前にこの遺跡で実際出土し、現在臨漳県文物保管所に所蔵されています。唐代の『元和郡県図志』相州鄴県条には、「魏武帝西陵は県の西三十里にあり。」と明記され、同書には、西門豹祠が「県の西十五里」にあることが記されています。西高穴村から東に十四・五kmに鄴城故址があり、その位置と文献記載の曹操高陵の位置は一致しているのです。

第五に、歴史上における人々の注目です。実のところ、南朝時代には、曹操高陵はすでに樹木に覆われ鬱蒼としていたようです。南朝斉の著名な詩人謝朓（四六四〜四九九年）は『同謝咨議銅雀台詩』の中で、「穗帷飄井干、樽酒若平生。郁郁西陵樹、詎聞歌吹声。」とうたい、『銅雀悲』でも「落日高城上、余光如穗帷。寂寂松林晩、安知琴瑟悲。」とうたい、彼は銅雀台に至り西陵を通り、両地を参観して感慨を得てこれらの詩を作りました。唐代詩人沈佺期・劉商・李邕らはみな『西陵』詩を作り、劉商はその『西陵』詩の中で、「挙頭君不在、惟見西陵木。」とうたい、李邕の『西陵』詩では「西陵望何及、玄管徒在茲。」とうたわれます。

第六に、傍証となる出土文物です。一九九八年四月、西高穴村の西はずれで、後趙建武十一年大僕卿駙馬都尉魯潜墓誌が発見されました。そこには「墓在高决橋陌西行一千四百廿歩、南下去陌一百七十歩、故魏武帝陵西北角西行四十三歩、北迴至墓名堂二百五十歩。」と記されており、魏武帝陵の具体的な方位を明確に記した最初の事例となり、魏武帝曹操の墓葬の位置を漳河南岸の西高穴村範囲内と定めるものであるわけです。また、盗掘者の持ち出した「魏武王常所用挌虎大刀」石牌や「魏武王常所用慰項石」石枕なども、この墓葬を曹操墓と確定する傍証となります。

第七に、曹操の称号が一致することです。曹操の爵位は、まず魏公、次に魏王・魏武王となり、後に魏武帝となり、順序が明確です。「魏武王」は曹操が死去した後の呼称であり、かつ曹丕が帝を称した際に追爵して魏武帝となる以前の、八か月というごく一時期の呼称です。そして魏武王の呼称については、歴史文献を見る限り、魏の曹操のことであると分かります。南朝沈約『宋書』巻第二十三五行志に、「漢献帝建安二十三年、禿鶖鳥集鄴宮文昌殿後池。明年、魏武王薨。」とあるものや、北魏酈道元『水経注』巻十濁漳水・清漳水条に、「魏武王又堨漳水、回流東注、号天井堰。」と記載され、いずれも曹操のことを指しています。この種の記載は他にも『晋書』・『資治通鑑』・『文献通考』・『華陽国志』・『三国会要』などにも見られます。

第八に、最も直接的な出土遺物による証明です。最も重要なのが、「魏武王」銘の石牌です。魏武王の三字をもつ銘牌は計八点見られますが、一つは「魏武王常所用挌虎大戟」と刻された最も完形のもので、墓葬前室から出土しました。出土した際は二つに折れており、二回に分けて検出されました。そのうち一つは、南壁から一・四〇m、西壁から三・七五mで、もう一つは西壁から二・七〇m、南壁から一・一五m、墓底から〇・五〇mの高さのところで出土しているのですが、このようにこれらの石牌は、われわれの厳格な科学的な発掘によって出土したものであり、その出土位置の状況などは明らかなものです。そして被葬者の身分を決める直接的な証拠となるのです。

第九に、出土した人骨の鑑定です。墓室では人骨三個体分が発見されており、いずれも攪乱を受けています。そのうち二人の女性頭骨と肢骨は後室に散在していました。男性頭骨は前室の大門の甬道附近で発見されています。鑑定により男性人骨の年齢は六十歳前後とされ、魏武帝曹操が世を去った六十六歳の年齢に相応します。

第十に、出土遺物のうち、礼制や身分に関わるものがあります。墓葬では、大型の圭・璧が出土してますが、この圭と璧が同時に使用されるのは、帝王の身分を象徴しています。また陶製の鼎が十二点出土していますが、『続漢書』礼儀志下に、天子が「瓦鼎十二」を副葬する由が記されており、それと符合します。同書には、帝王の墓葬に副葬するものとして、匏勺・瓦案・瓦大杯・小杯・瓦灶・瓦甑・瓦飯槃・瓦酒樽・瓦釜などが挙げられていますが、この墓葬では全て出土しています。また、帝王の身分を示す龍の造形が多く出土しており、匏勺の柄が龍の頭をしており、画像石・銅帯鈎などに龍の意匠が見られます。また曹操墓出土の鉄鏡は、直径二十一㎝に達し、帝王陵墓に特有のものです。

第十一に、出土遺物と曹操の薄葬令が一致することです。この墓葬出土陶器のうち、現在百四十点ほどが復元されていますが、しかし出土陶器はみな模様もなく、器型も小ぶりで粗製のものです。曹植の『誄文』に「明器飾りなく、陶は素なりて、これを嘉す」の記載に合致するものです。また副葬品には金製品・玉製品などもありますが、それはみな生前に用いられたもので、葬送の際に特別に製作した金玉器はありません。それは、埋葬品を記した石牌にそういったものの記載がないことからも分かります。また、圭・璧などの礼器はみな石製です。これらは、『遺令』で定めた「斂するに時服をもってし、金玉珍宝を蔵するなかれ」の記事に合致するわけです。

七、曹操高陵陵園の調査

以上が、西高穴二号墓すなわち曹操墓についてのあらましですが、私たちは、墓周辺で、曹操高陵の陵園に対する調査を進めています。墓の西部は土取りのため破壊されていますが、墓の周囲に土壁が見つかっており、現存部分から、陵園は平面長方形を呈し、南北幅六十八m、南壁残長百十m、北壁残長百mと判明しています。一号墓と二号墓の墓道部分に対面して、二つの途切れた部分がありますが、陵園の門です。この他、ボーリング調査により、陵園西側で規模の大きい陪葬墓地が確認されており、現在のところ磚室墓一基が発見されています。

八、曹操高陵発見の意義

以上、曹操高陵とその陵園についてお話ししてきました。被葬者の身分を確定するため、私たちは考古学・歴史学・古文字学・形質人類学の各専門家を随時招へいして、詳しく検証を進めてきました。そして、墓葬の形態・規模・出土文物・銘文内容・字体・人骨鑑定などに加え、魯潜墓志と西門豹祠との相互的な位置関係、そして文献記載の魏武帝陵位置など、全ての資料を総合的に判断した結果、二号墓の被葬者が魏武帝曹操であり、この墓葬は魏武帝曹操の高陵であると認定したのです。

その後、この発見は大きなセンセーションを引き起こし、学術界の高い評価を得ることとなりました。まず中国社会科学院の「二〇〇九年度全国六大考古発見」や、国家文物局の「二〇〇九年度全国重要考古新発見」に選出されたほか、河南省文物局・河南省考古学会により「河南省五大考古発見」に選ばれ、国家文物局・考古雑誌社・中国考古学会等により「二〇〇九年度全国十大考古新発見」に選定されました。そして現在、安陽西高穴曹操高陵は、河南省政府により省級文物保護単位に指定されています。

四　曹操高陵出土文物の研究
――安陽高陵出土石牌刻銘にみる曹操のすがた――

郝　本　性
（河南省文物考古研究所）

まず、なぜこのような講演題目を選んだのか、説明することをお許し下さい。私の曹操という人物像に対する認識は、段階的に次第に深まってきているのです。

私は幼い頃、よく父親に連れられて京劇を見に行きました。そこでの曹操は「白臉の奸臣」であり悪者でした（白臉とは京劇における悪者の象徴的表現）。そのため、曹操が赤壁で大敗し、逃げ惑いうろたえる様に、拍手喝さいを浴びせたものです。私は早くに『三国演義』を読み、曹操の表裏のある性格を疑いも持たず深く信じており、特に『捉放曹』の中では、善人をみだりに殺し、心中穏やかではありませんでした（『捉放曹』は『三国演義』中の一題目、京劇の題目でもある。董卓殺害に失敗した曹操が、逃げる際に、助けてくれた人を疑い殺害する。）。

その後北京大学歴史系に入学するわけですが、ちょうど一九五九年に郭沫若が『替曹操翻案』を発表した頃で、また歴史系主任の翦伯賛先生、副主任の周一良先生、田余慶先生、呉栄曽先生らの文章の中で、まずもって曹操は一代の英雄であり、歴史的功績も多大なものがあると認識していたのです。

一九七九年代には、社会的に、曹操を法家と評するようになります。私は曹操の詩文を読むようになるのですが、曹操は軍隊において厳格に法を執行し、大罪には死罪をもって臨む一方、治国と行政においては、「礼をもって首とす」ることを強調しており、彼が受けたのは儒家教育であり、仁義礼譲を重視していました。彼は乱世に生まれながら、儒教と法家思想を併用していったのです。

また、彼は天命を信じず、天命について語りませんでした。これは、政治情勢が乱れ治世に奔走していたからです。ただ、死後に霊魂があるのかということでは、彼はその存在を信じていました。彼は生前音楽を愛していましたが、遺言の中で、歌女に半月ごとに主のいなくなった彼の寝台に向かって歌を歌うよう遺嘱しました。また晩年には、「もし天命が私にあるのなら、私は周の文王となろう。」と言っています（周の礎を築くも、殷に取って代わることのなかった周文王に自らをなぞらえている。曹操も周囲の勧めがあったにもかかわらず、ついに漢の禅譲を受けることはなかった。）。こういった曹操自身の言動をどのように見るとしても、その真偽を私たちは考えていかなければならないでしょう。そういった中、彼の死後に副葬された石牌に刻まれた銘文は疑いのないものです。なぜならこれらの石牌は、葬送に際した人々、すなわち臣下や妻妾・子女が曹操の死後に対して準備したものであり、曹操の性格や要求にあえてそむくようなことはないからです。

このような理由から、出土の石牌刻銘を通じて、曹操の真の人物像に迫りたいと思います。

まず、曹操は中国の歴史上において、著名な政治家、軍事家、文学家であります。こういった曹操の複雑かつ豊かな人生の経歴や、多様な性格・流儀、そして政治・軍事・文学上の功績により、千数百年来、彼は多くの人々に注目され絶えず評論されており、その評価も多様でした。史書『三国志』の著者陳寿はかれを「非常之人、超世人傑」と称えています。しかし、『三国演義』での悪人ぶりのほうが、多くの人の印象に残っていることでしょう。

真実の曹操の姿は、考古発掘で得た実物資料だけが語ってくれるのではないでしょうか。たとえば曹操は、一貫して倹約な生活を旨とし、死に際しても薄葬を主張しました。また文を重んじ武を習い、多才多芸の持ち主でした。頭痛持ちで養生を重視した一面もあります。あるいは、彼は魏国の王に在位し、天子の儀衛（儀仗衛兵）を享受していたといわれていますが、その実情はどういったものであったでしょうか。今回発見された西高穴大墓で出土した石牌の銘刻から、そういった様々な消息が伝わってくるのです。それらの考古資料は、後代の史伝のような誇張や偽りがなく、北魏以後の墓誌のような阿諛奉承や歌功頌徳がないため、その内容は信頼がおけるのです。よって、この石牌

図一　「魏武王」銘圭形石牌（左から「挌虎大戟」・「挌虎大刀」・「長犀盾」・「挌虎短矛」）

刻辞は、被葬者が曹操であることを示す確実な証拠であるだけではなく、さらに曹操が生きた時代の社会風俗と彼の性格や趣向を理解するための有力な物証となるのです。

河南安陽西高穴二号大墓は、国家文物局の許可を得て、二〇〇八年十二月六日に、河南省文物考古研究所により正式に緊急性の考古発掘が始められました。そして二〇〇九年十一月十一日に、魏武王常所用挌虎大戟石牌が発見され、その後の調査により二種類の石牌が続々と発見されました。その一つは圭形石牌で、もう一つは六角形の梯形石牌です。盗掘者により持ち去られたものもあったのですが、幸い大部分が残っており、発掘調査によって出土することとなりました。

圭形石牌は少なくとも八点あり（図一）、釈文は以下です。

一、魏武王常所用挌虎大戟
二、□□□□所用挌虎大戟
三、魏武王常所用挌虎大刀
四、□□□常所用挌虎短矛
五、□□□常所用挌虎短矛
六、□□□常所用長犀盾

七、□□□常所用
　　　▨椎二枚

八、魏▨
　　　獵（猎）▨

七と八は、接合するかどうか今のところ分かりません。もう一つ圭形石牌があるのですが、字跡が不明瞭です。石牌の兵器は対になるので、「魏武王常所用挌虎大刀」かもしれません。

出土の石牌はみな成熟した隷書で、俗にいう「八分体」です。書法の点からみると、慰項石の背面はやや広いため、隷書の筆の勢いは流麗で滑らかです。しかし、圭形石牌は狭い石面に限られるので、字跡は明らかに謹直になっています。その上に魏武王の謚号を書く必要があったため、書かれた字体は整っており、熹平石経に近いものです。その字体は、熹平石経と魏正始石経の中間的なものといってよいでしょう。「所」字、「用」字、「大」字などいずれも同じです。ただし、「虎」字の一番上の横一画は、漢衡方碑と北魏元珍墓志の字体に近いものがあります。これら虎字の下部は均しく巾字形に作られ、石経および魏上尊号碑、魏王基残碑と共通しています。

また梯形の石牌すなわち「衣物疏」には、下葬の前に急いで刻したせいか、多くが雑です。名称と数量は書き出しているものの、中には後の楷書に近いものもあります。また同一の字でも、異なる書法があり、個別の字には草書の趣もありますが、全体的に見て、これらの石牌の字は、いずれも扁方体の隷書であり、これはまさに後漢末年の風格といえます。

そのうち、まず「魏武王」の三字についてですが、これは曹操の謚号であり、曹操が死んだ後の呼称です。

曹操、字は孟徳、小名を阿瞞といいます。曹操は漢建安元年（一九六年）に漢帝を迎え、許昌に都して司空となり、建安九年（二〇四年）に河北を奪取し、冀州牧を兼ねることとなります。建安十三年（二〇八年）には丞相に上りつめます。そして建安十八年（二一三年）、漢王朝の名義で冀州の魏郡など十郡を領有し、封ぜられ魏公となります。建安二十一年（二一六年）に再び爵を加えて魏王となるわけですが、魏公・魏王の王都は鄴城であり、鄴城に魏の社稷・宗廟を建立します。また官吏を設置し、形式的には、すでに完全に皇帝と同じであり、実権は漢献帝よりも実際高く、権力を一手に握ることとなりました。

魏武王は曹操死後の称号であり、中国古代の謚法に由来します。周代以来、帝王将相が死んだ後は、朝廷はその生前の事績に基づき、褒貶善悪の称号を与えます。

後漢以後は、太常により謚が議され、曹操の死後は、賈逵らにより喪事が取り仕切られ、おのずと彼らが謚を決めました。曹操は戦に明け暮れること三十年にして、北方を統一し、文武に通じており、そのため「武」の謚は実情に合致したものであったと言えます。当時は漢献帝がおり、彼により謚が賜われたのでしょうが、魏王国が漢王朝下の最大王国で、曹操が生前魏王を称していた以上、その死後は魏武王と称することができるに過ぎず、謚号の前に国号を加えるのは、礼制に符合するものといえます。その後まもなく曹丕が漢に代わり帝を称するわけですが、その際、追謚して「武皇帝」とし、史上に魏武帝と称されるわけです。曹操の死後は、魏武王と称することができないとみる研究者もいますが、それは歴史的根拠に欠けます。当時、曹操のみが生前に魏王となり、死後「魏武王」と謚され、数ヵ月後に再び追謚して魏国（漢に代わった後の魏国）の武皇帝となったのです。このような一系列の称号が組み合うのは、中国史上曹操のみであり、ほかに「魏武王」を称したものはいるものの、このような称号の変化があるのは皆無です。

『三国志』魏書武帝紀によれば、漢献帝は、「金虎符第一至第五、竹使符第一至第十」を曹操に与え、名実ともに曹操

図二「鹵簿」石牌

が軍権を握り、魏国は独立した軍事権を擁することとなります。また建安二十二年夏四月、漢献帝は曹操に天子の旌旗を設置することを命じ、出入に警護を付けました。まもなくまた、曹操に十二旒（天子の冠）を付け、金根車に乗り、六馬に駕し、五時副車（天子の副車）を設けさせました。曹操はこの時すでに天子の儀衛を用いていたのです。古代の天子は出行・居住に鹵簿を用いました。秦漢時代から鹵簿の名がみえます。『封氏聞見記』に「甲楯有先後部伍之次、皆著之簿籍、天子出入時按次導従、故謂之鹵簿。」とあり、また『漢書』陳勝項籍伝には、「流血漂鹵」とあり、顔師古注に「鹵は、盾なり」とあります。先にあげた「長犀盾」石牌は、鹵簿を先導した兵器でしょう。また出土した梯形石牌の銘文に「白縑画鹵簿游観食厨各一具」とありますが（**図二**）、「游観」は遊覧に出行するという意味です。よって、鹵簿は儀衛の出行に用いるものということになります。鹵簿は非常に格式のあるもので、等級身分をあらわすのに必要な儀仗でありました。無論、これを全て埋葬するのは不可能なことであり、白絹に鹵簿の場面を描いたものを用いたのであり、これは曹操が臨終の際に薄葬を遺令とした、その意図を遵守したものでしょう。同時に、盾・戟・刀・矛・錐などの必要な兵器の組み合わせは、その天子としての身分地位をさらに明らかにしています。

これらの兵器にはある特徴があり、みな曹操の「常所用」（常に用いるところ）であったことで、生前好んだ兵器であります。曹操は著名な軍事家であり、自ら戦場に赴き、また一方で多くの兵法書を撰述しました。惜しむらくは、それらの著作はすでに佚伝しているのですが、最も完全に残っているのが『孫子兵法注』であり、彼は中国古代において、『孫子兵法』を系統的に整理し注を加えた第一人者なのです。『孫子兵法』が保存され今に伝わるのは、曹操の功績が最も大きいといえます。曹操は文武兼備し、自ら五振りの鋼刀を作らせ、三振りを三人の子供に与え、自ら二振りを用いたといわれます。また『三国志』武帝紀注引の孫盛『異国雑語』によれば、曹操は年少時、血気盛んで、太監張譲の寝室に押し入り、殺害しようとしました。発覚して、衛士が彼を包囲して捕えようとしますが、庭内で手戟で対抗し、壁を乗り越えて逃げおおせました。手戟は、魏晋時代には地位の高い人の用いるものであり、南北朝以後はあまり用いなくなるようです。当時、董卓・呂布・孫権・太史慈らは、みな手戟の扱いに長じていました。

曹操は魏王になった後もなお戦に明け暮れ、彼の遺嘱の中で、天下がいまだ安定しない以上、自分の死後も勝手に駐屯地をはなれないよう強調しました。彼が魏王に封ぜられた後も、時に内部に政変を起こす反逆者がおり、そのため死後の帰葬の途中も護衛を強化し、そして入葬の時に、平時に常用した兵器を埋葬したのでしょう。彼の死去に際し、衆人は賈逵を喪主に推薦しました。中には密葬を主張する者もいましたが、賈逵は公開で葬送することを主張し、衆目に遺容を瞻仰させせました。当時は必然的に、天子の儀衛に傍らを護衛させました。武家璧は、曹操墓出土の「常所用」石牌は兵器を主としており、天子の儀衛における「警蹕の侍衛、常儀のごとし」であるとし（『中原文物』二〇一〇年第四期）、これと曹操墓出土の兵器石牌上に「常所用」と刻銘された兵器は矛盾せず、妥当な見解でしょう。

また、圭形石牌には「挌虎」の二字が刻銘され、挌は格に通じ、挌は、捕える、戦うの意味です。格虎とは、「見虎格得」・「手格猛獣」といい、武勇の優れた人物を形容する言葉です。曹操の子曹彰は非常に勇猛で、素手で猛獣を捕えたそうです。格虎は当時よく見られた言葉で、『格虎賦』・『諫格虎賦』等の詩賦があります。十六国時代の後趙の石虎は、格虎車四十輛を建造しました。「挌虎」は武勇の形容詞であるわけです。実際、曹操墓で出土した鉄兵器には、鉄甲・鉄剣・鉄杵（椎）・鉄弩・鉄矛・鉄戟・鉄刀・鉄鏃などがあり、戦場で一生を過ごした曹操の好んだ兵

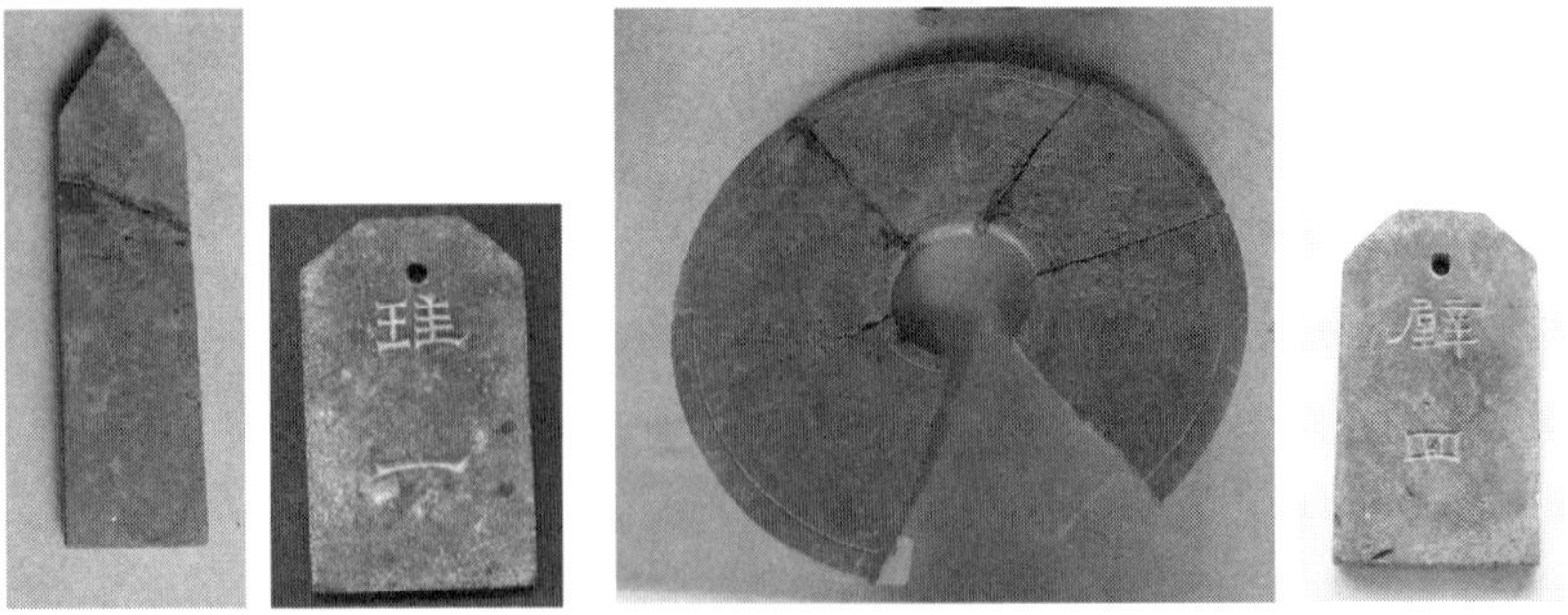

図三　石圭・「圭一」石牌および石璧・「璧四」石牌

図四　「魏武王常所用慰項石」石枕および「渠枕」石牌

器であることを示すでしょう。彼は『内誡令』(『太平御覧』)で、「百煉利器以辟不祥、摂服奸宄者也。」といい、この兵器は不逞分子の興るのを防止し、また不祥のことが発生するのを防止しました。これらの鋼鉄兵器を副葬することは、被葬者が武器を愛好することを反映すると同時に、それを副葬することで、辟邪の効果を期待したのでした。

銅製鎖で兵器に結び付けられていた石牌は、みな圭形に成形されており、礼制の規定に基づきます。そもそも玉圭は重要な礼器です。『考工記』玉人に、「鎮圭尺有二寸、天子守之、命圭九寸、謂之桓圭、公守之。」と記載されます。後漢の古尺一尺は現在の約二三・三cmであり、墓中出土の石圭一点は、長さ二八・九cm、幅七・四cmで、まさに天子のもつ圭の長さに合致します(**図三**)。なお、六角形石牌に「珪(圭)一」の刻銘をもつものがあります。以上のように、文献記載の礼制から、出土の石圭と石牌刻銘を比較し、総合的にみるならば、この墓の等級身分は天子の規格に合うことが分かります。曹操は魏王になり、後に天子の儀衛を享受するに至ります。曹操は生前鄴城の宗廟において玉圭・玉璧を用いて天地・祖先の神霊を祀っていたのでしょう。

また石璧も出土しており、欠損していますが、「璧四」銘の石牌から四枚の石璧があったと考えられます（図三）。張家山二四七号漢墓出土の木牌上に「白璧四具」があり、漢墓には四枚の璧を副葬するのが常であったようです。圭と璧のセットは天地を祀る礼器であります。

次いで石枕についてみていきましょう（図四）。背面には成熟した隷書で「魏武王常所用慰項石」の九字が刻出されます。ここに見える「所」は受け身の助動詞であり、「被」と解釈でき、「常に用いられた」の意味になります。慰は「撫でてこれを安んず」の意味です。曹操はもと頭痛持ちでした。『三国志』方伎伝に、「太祖苦頭風、毎発、心乱目眩、［華］佗針鬲、随手而差」と記載されます。実際曹操はよく頭痛の発作が起こったようで、名医華佗の針灸を請うほかに、頭痛をいやす二つの方法がありました。一つは、陳琳の文章を読むことで、それにより心安んじ、頭痛にもしばしば効果があったそうです。もう一つはこの慰項石枕を用いることです。枕の形はやや雑ですが、枕中部がへこみ弧形を呈し、項を安定させ、青石の冷たさが疼痛を軽減することとなります。「慰」は「熨」に通じ、温湿布の効果があるとする説もありますが、著名な中医張磊先生の説では、頭痛に温めるのはよくないとのことです。

戦国から漢代の枕は、発掘品がすでに百点近くあり、竹木類で長条形のものなどがあり、秦枕は少なく、漢枕はやや多くみられます。材質は竹・木・布帛・金属・玉石があります。そのうち、河北定県北庄漢墓出土の枕は、その中部がへこみ、円弧形を呈しています。この種の枕は、梯形石牌に記される「渠枕」です。渠は溝渠すなわち人工の水道であり、『広雅』釈水に「渠、坑なり」とありますが、枕中部がへこみ渠形になっていることから、この石枕を渠枕と称するわけです。ただ、漢代諸侯王は玉枕を埋葬することが多く、徐州獅子山楚王陵では虎頭玉枕が出土しています。曹操は平素倹約家であり、常に石枕を用いており、その死後も副葬されたのでしょう。生前使用したものを副葬しようとする意図が現れているといえます。

他に梯形石牌の刻銘に、「黄蜜金廿餅、白蜜銀廿餅、億巳銭五万」というものがあります（図五）。後漢末年、経済は破綻し、貨幣価値は暴落します。後漢五銖は軽く薄くなり、董卓の造った銭幣など全く受け入れられませんでした。必然的に黄金と白銀が称量貨幣として市場に流通しました。その形状は円餅状ですが、ここで埋納されたものは蜜蠟で造った冥幣であります。しばしば蜜蠟で冥器を作ることがあり、ほかに蜜印などがあります。この冥銭は五万銭とされますが、実際には後漢五銖が少量発見されたのみで、あくまで冥銭であり、実物ではありません。曹操は金玉珍宝を埋葬しないよう命じており、そのため以上の銭幣は冥幣ないし象徴的な銭幣でありました。

「億銭」ですが、「億」と「意」が通じており、『漢書』貨殖伝に「意はすなわちたびたび当てる」ことといい、顔師古注に「意は読んで億となす」とあります。推量することですが、実際のところ「意銭」は攤銭ともいい、後漢後期に流行したゲームのことです。外戚の梁冀は、若い時によくこのゲームをしていたそうです。その後、賭博に変わっていきます。参加したものがまず数目を予想し、当たれば勝ち。牌銘は曹操と妻妾がよくこのゲームをしていたことを示すのでしょう。

また梯形石牌の刻銘に「香嚢三十双」とあります（図五）。香嚢に盛られた香料は海上よりもたらされたパルティア香か、香気のある佩蘭かは分かりません。曹操は香を焚くことをあまり好まず、『御覧』には「其以香蔵衣著身亦不得」とあり、また命を下して「房室不潔、听得焼楓胶及蕙草」とあります。しかし臨終の際には、妻妾らのその後の生計を案じ、自分の香料を分け与えます。建安二十五年（二二〇年）、臨終の際の遺嘱に、「余の香を分けて諸夫人に与えるべし、祭ることを命ぜず。諸の舎中で為すところ無きものは、履を作り組むを学び売るべきなり。」とし、のこった香料を各夫人に分け与え、他にすることのないものには、鞋を作ることを学ばせ売らせた、とのことです。有名な「分香売履」の故事であるわけですが、曹操の内心が吐露したものといえましょう。こういった心理は創作されたものと疑われるかもしれませんが、ではなぜ彼の死後の随葬品に香囊三十双があるのでしょうか。曹操が薫香を禁止したのは偽りなのでしょうか。あるいは送葬者が彼の遺嘱と薄葬の要求に反したのでしょうか。

図五　「黄蜜金」石牌および「香囊三十双」石牌

ここで、梯形石牌に「斗帳」とあるものが注目されます。『孔雀東南飛』の長詩に、「紅羅復斗帳、四角垂香囊」の句が見え、斗帳の四隅に香囊があったことが分かり、平民も均しく行ったよく見られる風習でありました。曹操は洛陽で病没し、帰葬して入葬されるまで時間があり、遺体は腐臭をもつこととなります。そのため送葬者が香囊を埋納するのは必然的なことであり、また曹操は香を妻妾に分け与えているので、妻妾や子女は香料を献上して彼を祀ったことでしょう。天子の待遇をされた魏王の斗帳に香囊を置くのは当然のことであるのです。この石牌銘「香囊三十双」は、曹操の言行不一致を証明するものではなく、英雄が女性を愛する分香の故事を示し、かつ彼の心情をゆたかに表す実例なのです。

五　漢代陵墓考古と曹操高陵

張　志　清
（河南省文物考古研究所）

漢代の考古学では、一般に中型・小型の墓葬に関する事例は多いのですが、帝王陵墓の研究に関しては、資料の制約があり、それほど研究が進んでいません。しかし、近年多くの諸侯王墓が発掘されており、現在確認できる漢代諸侯王陵墓は十数国で計百基ほどに及びます。現在、皇帝陵については発掘が行われていないため、これらの諸侯王墓が漢代陵墓研究に貴重な資料を提供することとなります。

一、前漢諸侯王墓

そのうち、前漢諸侯王墓には、山を穿つ崖洞墓と「黄腸題湊」という竪穴墓の二大類型があり、前漢後期には石材を黄腸木に代えた黄腸石墓が現れます。

前漢諸侯王の大型崖洞墓は主に河南東部・江蘇北部・山東・河北といった梁・楚・魯・中山等の諸国に見られます。これらの墓葬は地理的条件の制約を受け、一般に低い山や丘陵地帯に見られますが、その地質は比較的安定しており、石灰岩地帯に作られることが多いものです。そのうち数量の多いのは梁・楚の両国の前漢前期の墓葬です。

梁国の王陵墓は河南永城市の芒碭山の各尾根上にあり、漢文帝の次子で景帝の弟の梁孝王劉武とその后妃、また後の各梁王の陵墓となっています。

梁孝王陵墓は大型崖洞墓で、祭祀用の寝園建築があります。王と王后を合葬しており、南北に二基の大型陵墓が同一陵園に並列しています（**図一**）。梁孝王王后墓は現在最大規模のもので、最も構造の複雑な漢代大型崖洞墓となっ

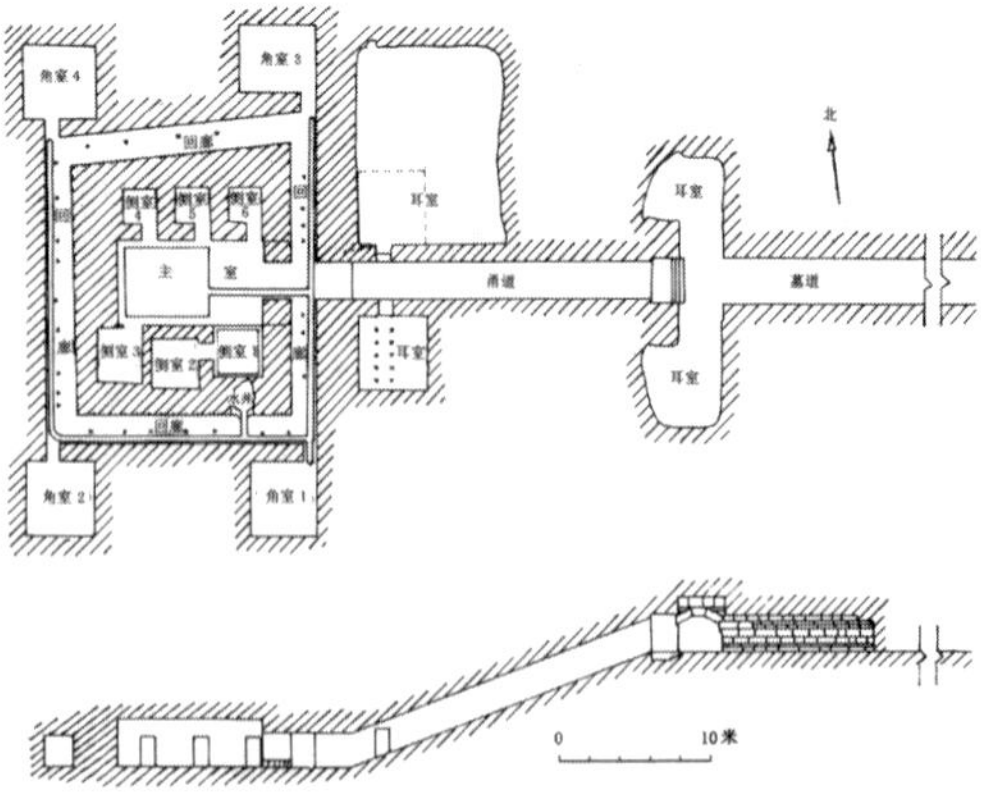

一

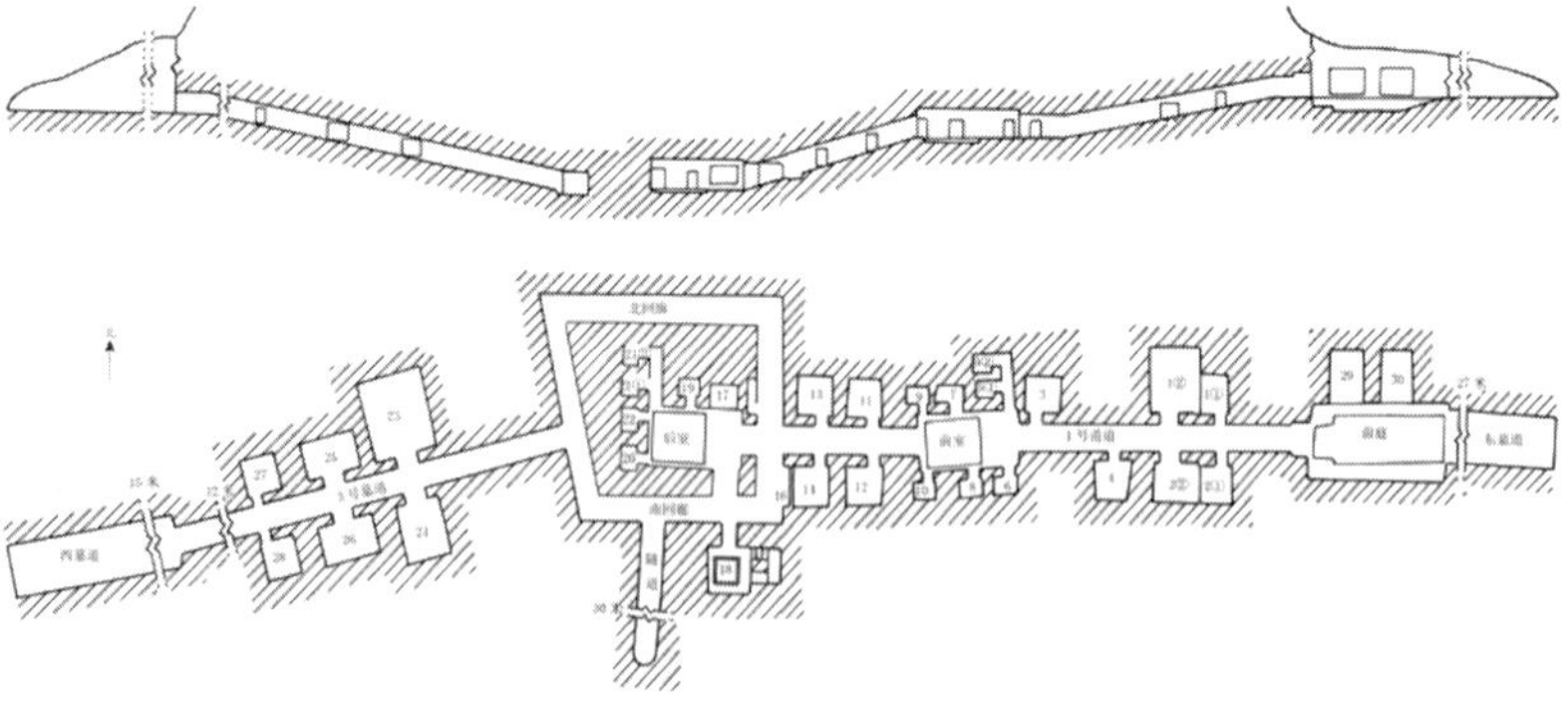

二

図一　保安山一号墓（上）・二号墓（下）

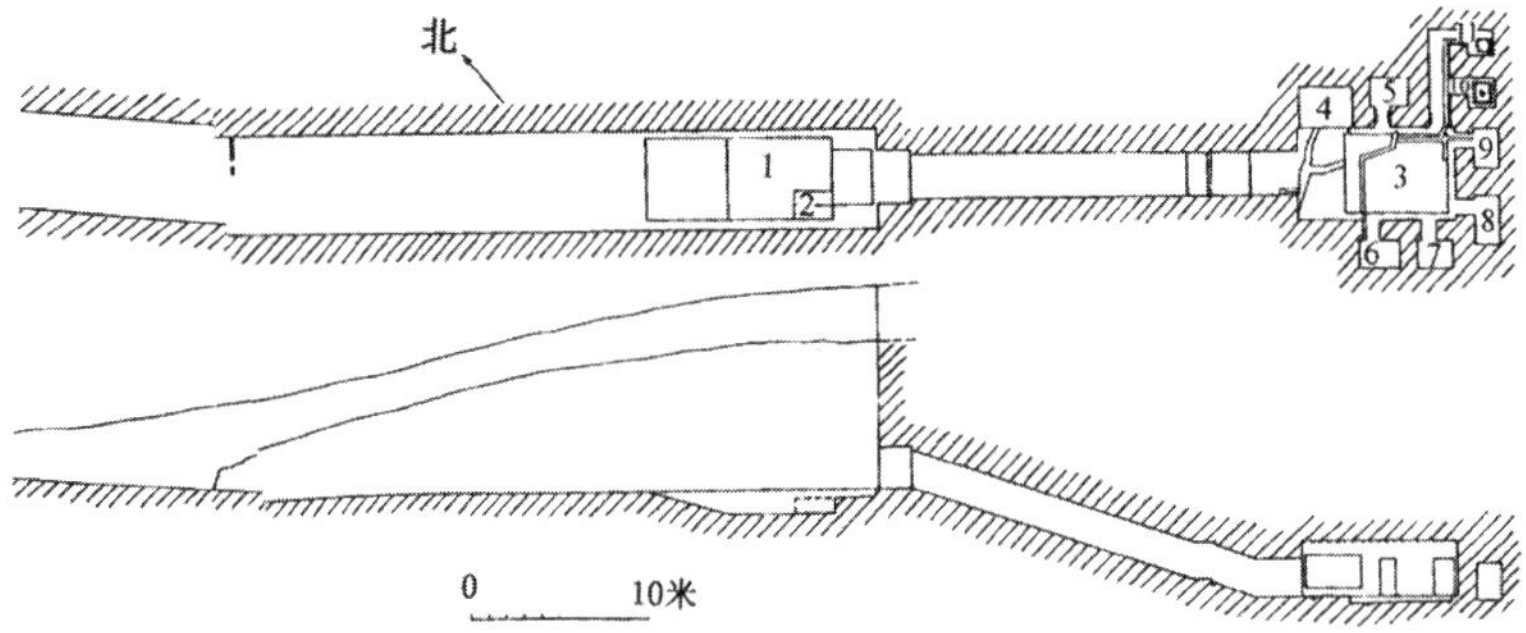

図二　永城柿園漢墓

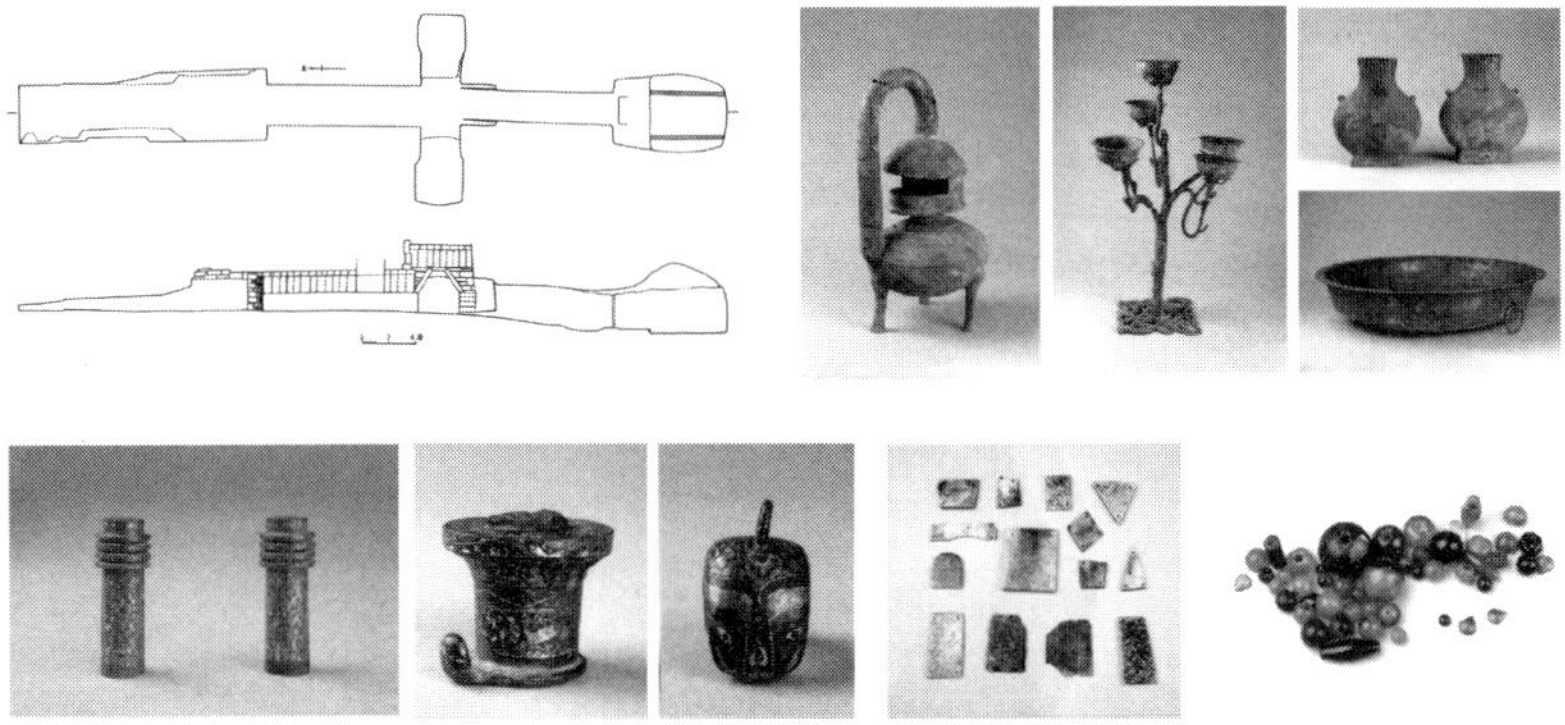
図三　黄土山二号墓および出土遺物

ています（図一の二）。それは梁国の宮殿前堂後室の建築構成を模倣していると考えられます。東西二つの墓道、三つの甬道、墓室三十以上、前・後主室があります。墓葬全長二百十m、墓内面積千六百平方m、容積にして六千五百立方mに及びます。墓道・甬道・側室の墓門は総量一トン前後の塞石で封じられており、全部で六千個にも及び、大部分の塞石に刻字が見られます。各側室門上の塞石には「東宮東南旁」、「西宮西北旁」、「西宮西南旁」などと刻され、当時前・後室を「東宮」・「西宮」と称し、その側室を「旁」と称していたことが分かります。盗掘を受けているものの、陪葬坑から、「梁后園」銘銅印・鎏金車馬器・銅兵器・玉器ほか千八百点もの各種文物が出土しました。梁孝王墓との位置関係、出土文字資料、遺物の年代および文献資料と照らし合わせ、被葬者は梁孝王王后李后であり、下葬年代は前一二四年から一二三年と考えられます。

柿園漢墓は、梁孝王墓東南五百ｍに位置しており、墓道・甬道・主室・過道・側室で構成されています（図二）。墓道全長は六十ｍで、主室のみあり、前後室・回廊はありません。主室頂部に青龍・白虎・朱雀・雲紋の大型彩色壁画がみられます。半両銭・楡莢銭二二五万枚、車二十四輛・陶俑約五十点のほか、兵器・生活用品などが出土しています。塞石の刻字などから第二代梁王劉買と考えられます。前一三六年（武帝建元五年）に死去しており、「共王」と諡されています。

黄土山二号墓は、梁孝王墓西北千三百ｍの黄土山北側に位置しています。一九九九年に盗掘を受けますが、青銅器八十数点などが回収されています。墓道・甬道・前室・左右耳室・後室から構成されます（図三）。墓葬総面積は百平方ｍあまり。前室東西耳室底部に馬骨、錯金銀車馬器があり車馬室であったと分かります。後室四壁に朱砂があり、漆塗りの棺槨が置かれ、周囲で玉衣片などが出土しています。また後室では、五十数点の青銅生活用品が出土していきます。被葬者は前漢中期以後の梁王ないし王后と考えられます。ただし、墓葬規模は梁孝王王后墓よりはるかに小さく、武帝以後の梁国の衰退と王陵の規模の変化が相応しているといえます。

僖山一・二号墓は、梁孝王墓東北一・五㎞の僖山山頂に位置しており、いずれも墓道をもつ竪穴岩坑石室墓で、穿った岩坑に、条石で墓室を構築しているというものです。墓室東西七ｍ、南北四ｍです。前漢後期の黄腸石墓となります。一号墓の墓室では玉衣片千片以上のほか玉璧七十点以上といった玉器が多数出土しています（図四）。一号墓は大始元年から永光元年（前四五～前三九年）に在位した梁国夷王劉遂の墓葬と考えられています。下葬年代は永光元年またはやや後でしょう。二号墓はその王后墓と考えられます。

図四　僖山一号墓出土金縷玉衣

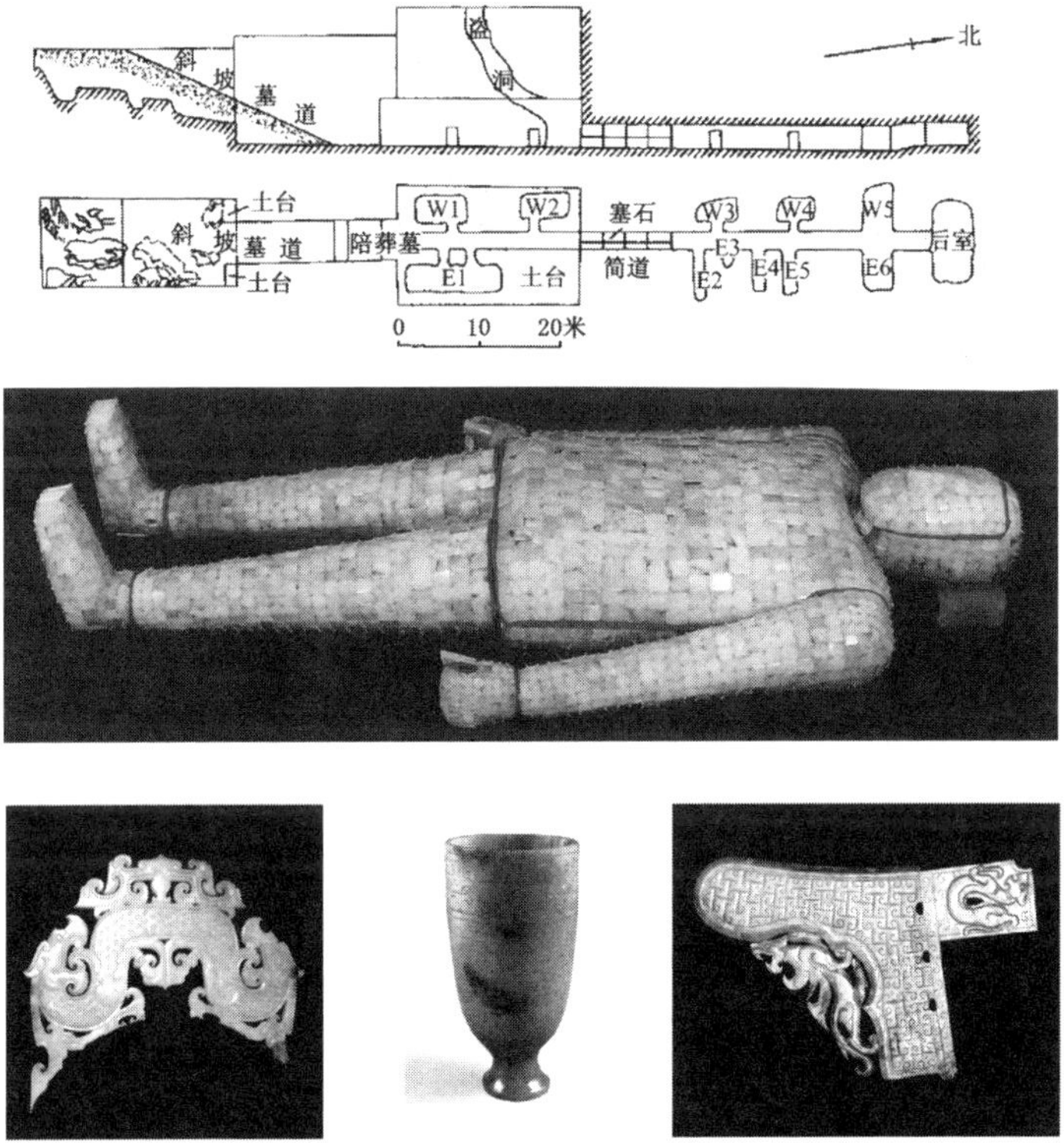

図五　徐州獅子山漢墓および出土遺物

前二〇一年、漢の高祖劉邦は弟劉交を楚王に封じ、彭城（現徐州）を都とします。徐州周囲の山上には前漢楚国十二代の楚王が葬られており、現在八基の楚王と王后の墓が発掘されており、みな大型崖洞墓です。

獅子山漢墓は、徐州市東郊の獅子山に位置し、全長百十七m、面積八百五十一平方m、外墓道・内墓道・耳室・甬道・側室・棺室・陪葬墓等から構成されます（図五）。墓主に着せた金縷玉衣は四千片もの和田玉で作られており、棺は玉棺で、その中は木制漆棺で表面に各種形状の玉片二千九十五片が嵌め込まれています。墓中では大量の玉器・銅食器・銅兵器のほか、二百点もの銅官印・封泥八十点が出土し、楚国王国の宮制などの研究に重要な資料となっています。墓の西五百mでは、兵馬俑坑が発見されています。被葬者の有力候補は、第三代楚王劉戊（前一七四〜前一五四年）です。下葬年代は前一五四年ないしやや後と考えられます。

北洞山漢墓は、徐州北十㎞の京杭大運河北岸に位置しており、墓道・主体建築・附属建築から構成されます。全長六十六・三m。主体墓室は崖洞で木材・瓦などは用いられません。附属墓室はさらに石板などで構築されています。広州南越王墓の主室に類似しますが、構造はより複雑で完備したものとなっています（図六）。また、鑲玉漆棺を使用しています。金器・玉器・漆器・銭幣七十八万枚・彩絵陶俑二百二十二点・金縷玉衣片五六十片などが出土しています。被葬者は前漢楚国第五代楚王劉道と考えられ、下葬年代は前一二年ないしやや後と思われます。

満城一・二号漢墓は、中山靖王劉勝夫婦の墓葬です。一号墓が劉勝墓、二号墓がその妻竇綰墓です。劉勝は前漢第一代中山王で、四十二年在位し、武帝元鼎四年（前一一三年）に葬られます。両墓の形態は基本的に同じで、墓道・甬道・南耳室・北耳室・中室・後室から構成されます（図七）。劉勝墓の甬道と南耳室で実用の車輌六輌・馬十六匹・狗十一匹・鹿一頭が埋葬されていました。出土銅器に「中山内府」・「卅四年四月」の銘がみられます。希なことに未盗掘で、後室に棺床を設置し、上に一棺一槨を置き、墓主は金縷玉衣を着ていました。室内に多くの宝器があり、側

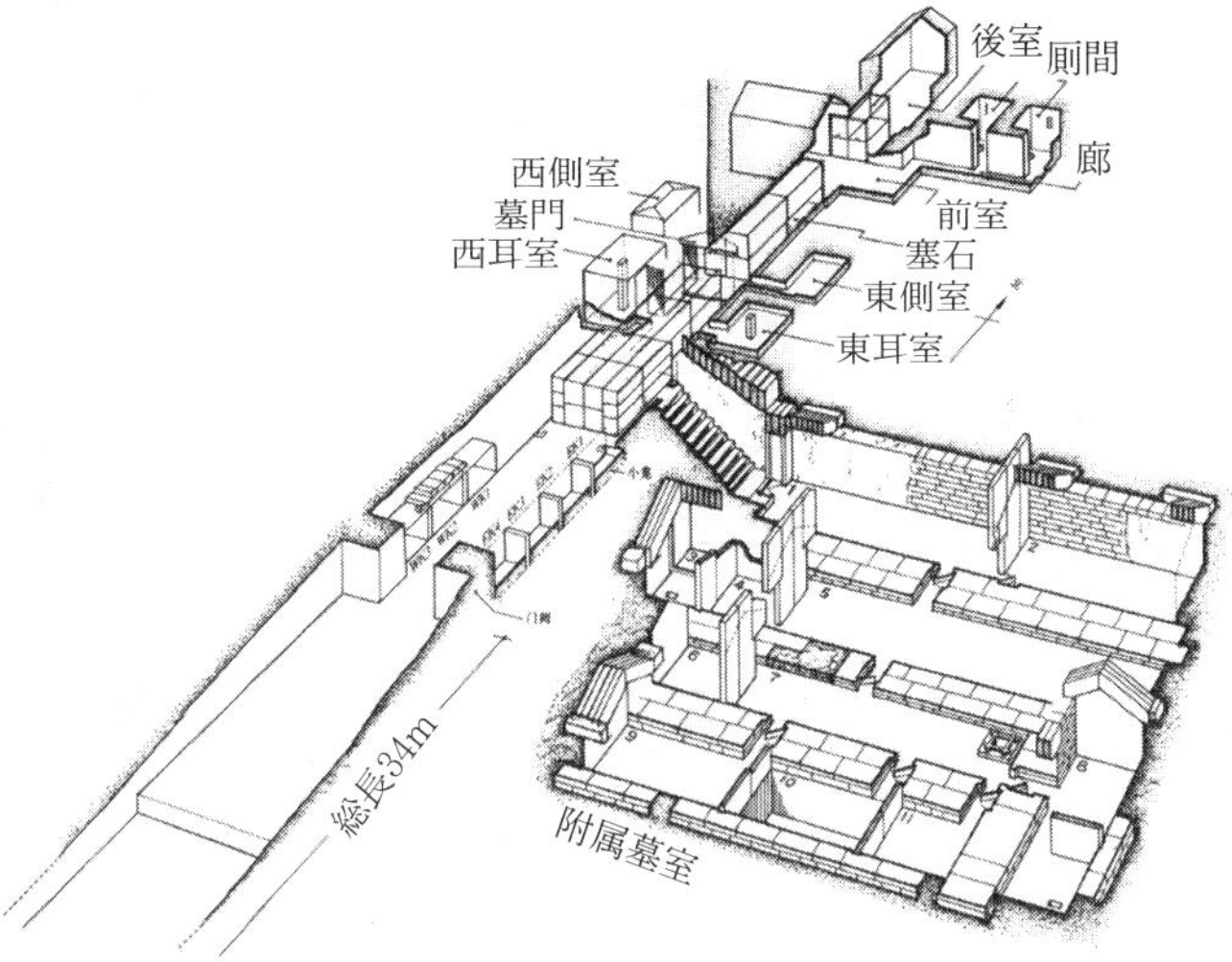

図六　北洞山漢墓

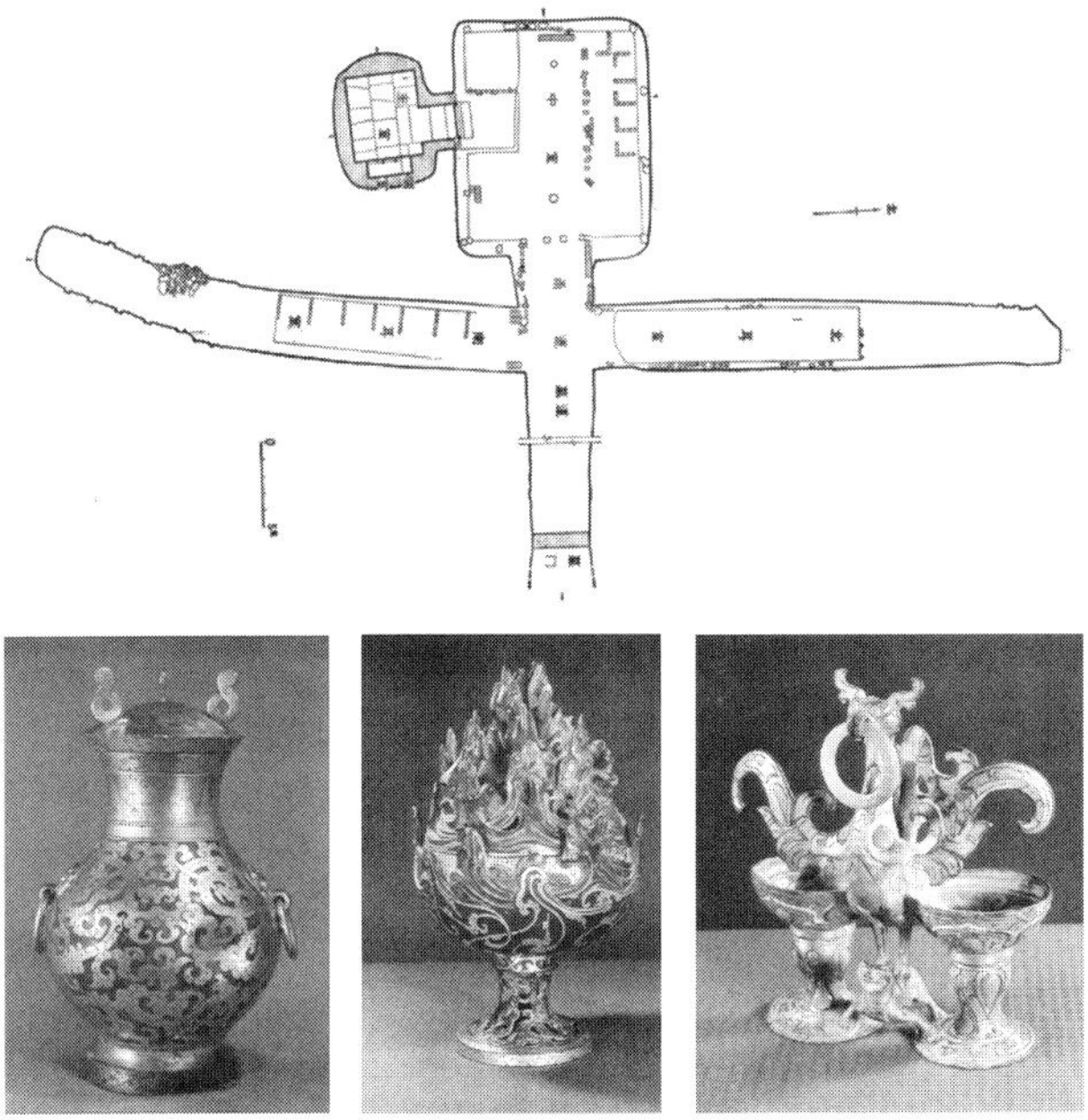

図七　満城一号漢墓および満城漢墓出土遺物

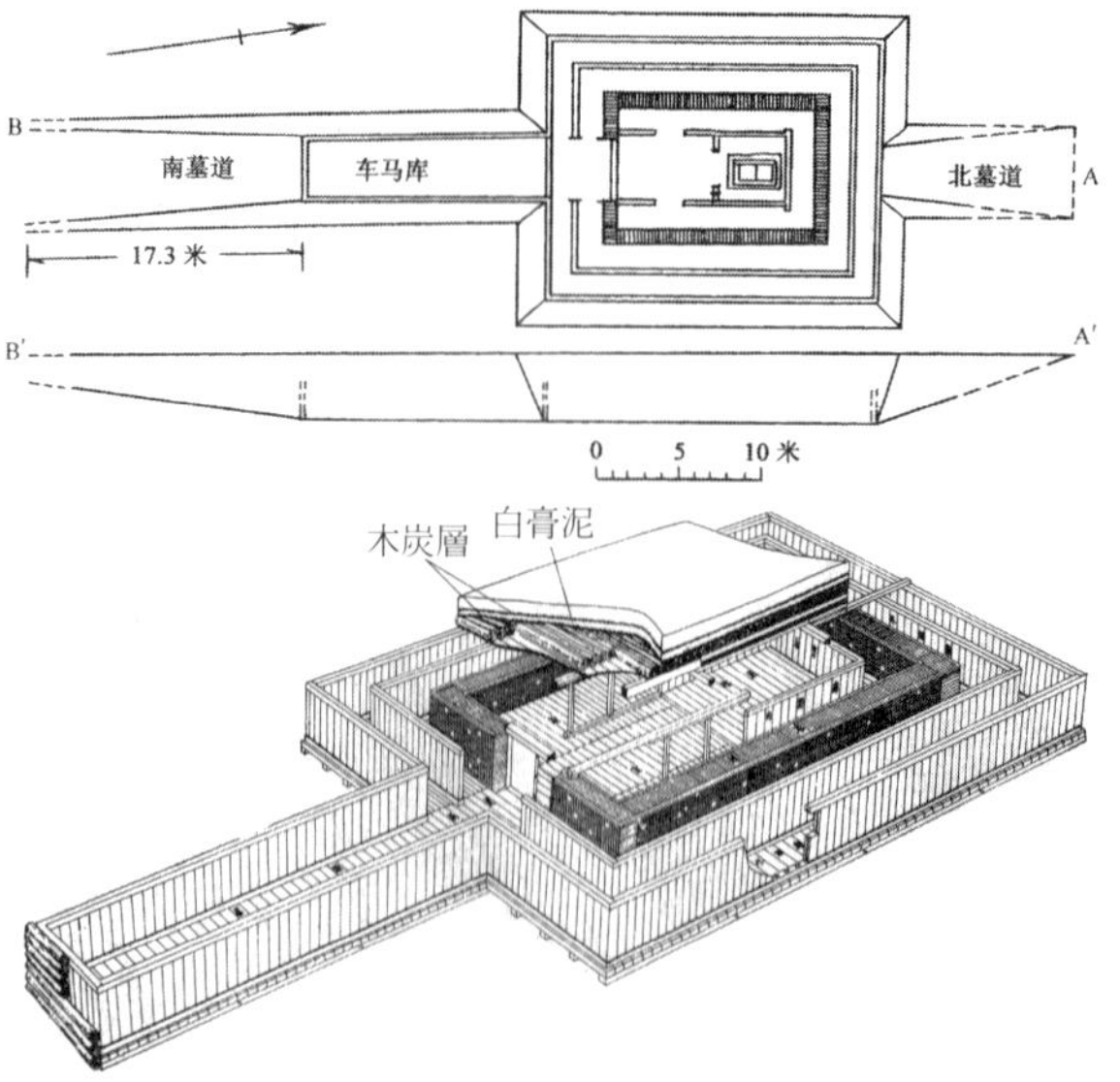

図八　北京大葆台一号漢墓

室に青銅沐盤・盛水銅罍・銅薫炉・烔灯、およびアカスリ石と男僕俑一点が出土し、沐浴の場を象徴しており、後室全体は墓主生前の後寝を表すと考えられます。前室には飲食器などが多く、宴会客間を表し、南耳室は厩、北耳室は厨を象徴するといえます。

前漢諸侯王墓のもう一つの主要な葬制が、「黄腸題湊」墓です。七十年代から多く発見されており、文献に記される前漢大貴族の用いた黄腸題湊墓制を証明することとなりました。主な特徴は大量の木材で壁・槨室・棺室を構築することで、地域・時代で形態に差があります。

北京大葆台広陽頃王劉建夫婦墓は、一九七四年から一九七五年に発掘されています。黄腸題湊墓発掘の嚆矢といえます。時代は前漢後期のものです。劉建墓は外部に大木で二重の回廊を構築し、その中に一万五千本余りの木材で墓室を構築、さらに三面に木板を用いて棺室を囲み、二槨三棺を置くという構造です（図八）。棺室前が前室で、漆床・陶器・各種食品があり、内外回廊には陶器・俑・車馬器・馬・豹などが副葬されます。墓道内に大木板で槨室が作ら

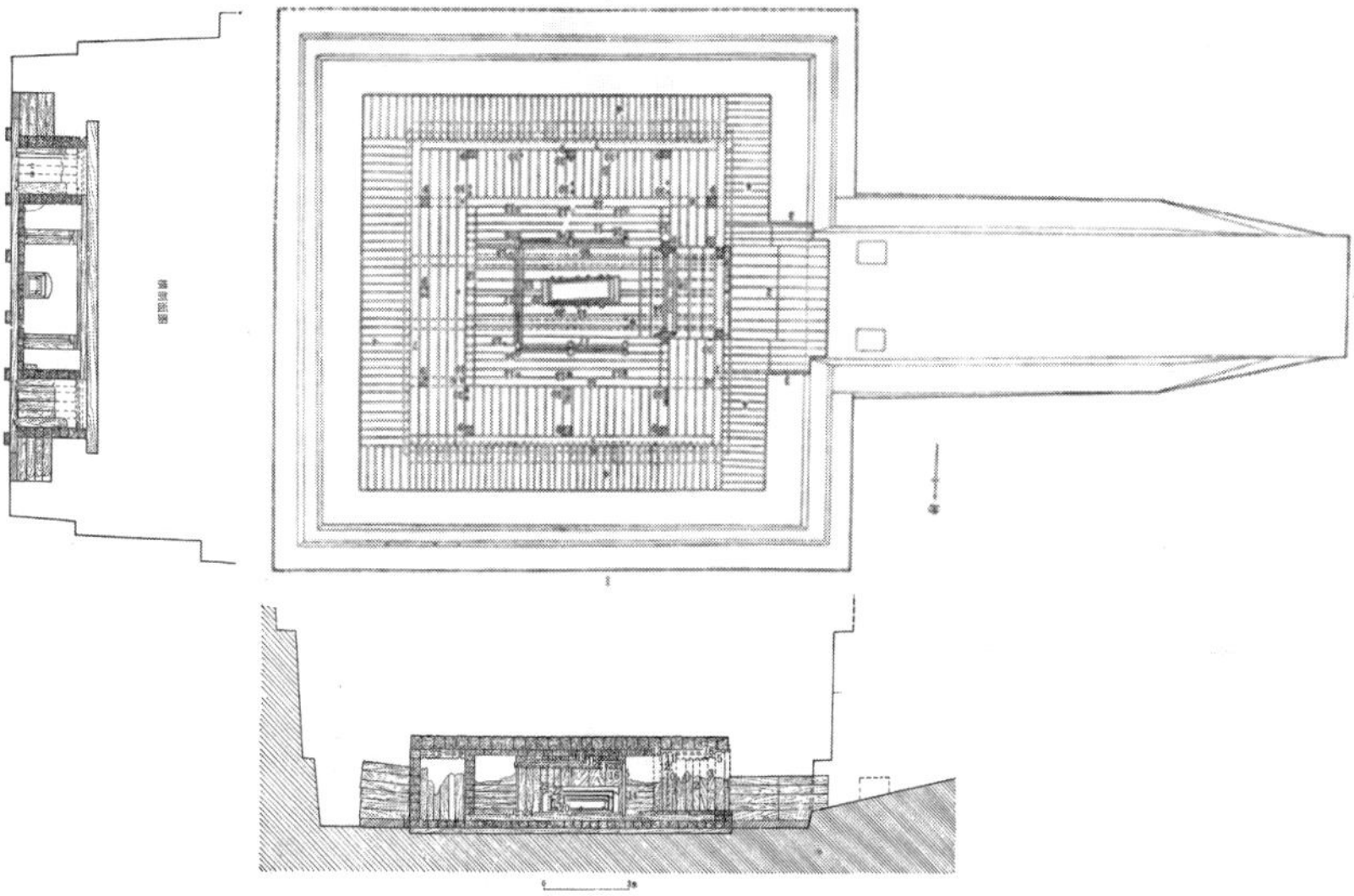

図九　長沙象鼻嘴長沙王墓

れ、三輌の実用車馬が置かれていました。墓中出土の漆器残片に、針刻で「二十四年五月丙辰丞」とあり、被葬者は広陽頃王劉建と考えられます。

長沙象鼻嘴呉姓長沙王墓は、使用した黄腸題湊がきれいに残っています。竪穴岩坑底部にまず白膏泥を塗り、ついで大木板で槨室の底を舗装し、その上に槨室・棺室・回廊を形成します。外回廊は隔門で十二室および前部門室に分けられ、内回廊は七室および前堂に分けられ、棺室内には三層の套棺を設置します。外槨四周には長さ百五十㎝、幅二十〜三十㎝の柏木の木材九百八本を使用し、巨大な框形の木壁を形成するという構造です（**図九**）。

北京老山漢墓は、長方形岩坑墓道をもち、封土・墓道・墓坑・墓室で構成され、墓室は平面長方形で、外回廊・題湊・内回廊の三部分から構成されています（**図十**）。題湊は外回廊内側に位置し、平面長方形で、木材を積み重ねて木壁を形成しています。また内回廊は題湊の内側にあり、墓室を前・後室に分けています。棺槨は後室中間にあり、両槨三棺となっており、三重の棺は内外に黒漆を塗り、内面に朱砂を塗ると

図十　北京老山漢墓（左）および安徽六安双墩墓（右）

いうものです。副葬品は主に前室と内外回廊にあり、漆器・陶器・木俑等があります。これまでに発見された黄腸題湊は多く柏木を用いていますが、ここでは栗など大量の雑木を用いている点が特徴です。墓葬年代は前漢中期、墓主は三十歳前後で、身長百六十㎝前後の女性と考えられ、燕王の王后と考えられます。

安徽六安双墩一号墓は、「中」字形の土坑竪穴墓、前後にスロープ状の墓道をもつ墓室です（図十）。全長は四十五ｍ、墓室は長さ九・一ｍ、幅七ｍの「黄腸題湊」で、長さ〇・九二ｍ、幅〇・二五ｍの木材九百二十二本で構築されており、題湊と内槨の間が回廊になっています。槨室は重槨重棺で、外槨は木槨で、槨内外に黒漆が塗られています。内槨は石槨となっています。内外の棺は長方形で、外は黒色、内は朱色の漆が塗られ、また内棺外側には紅色の雲紋が彩られています。また、外蔵槨が題湊を凹字形に囲んでおり、蓋板を立てて十五室に区切られ、銅壷・陶壷、大量の模型木器（車・馬・人）が納められていました。墓室全ての建造に用いられた木材

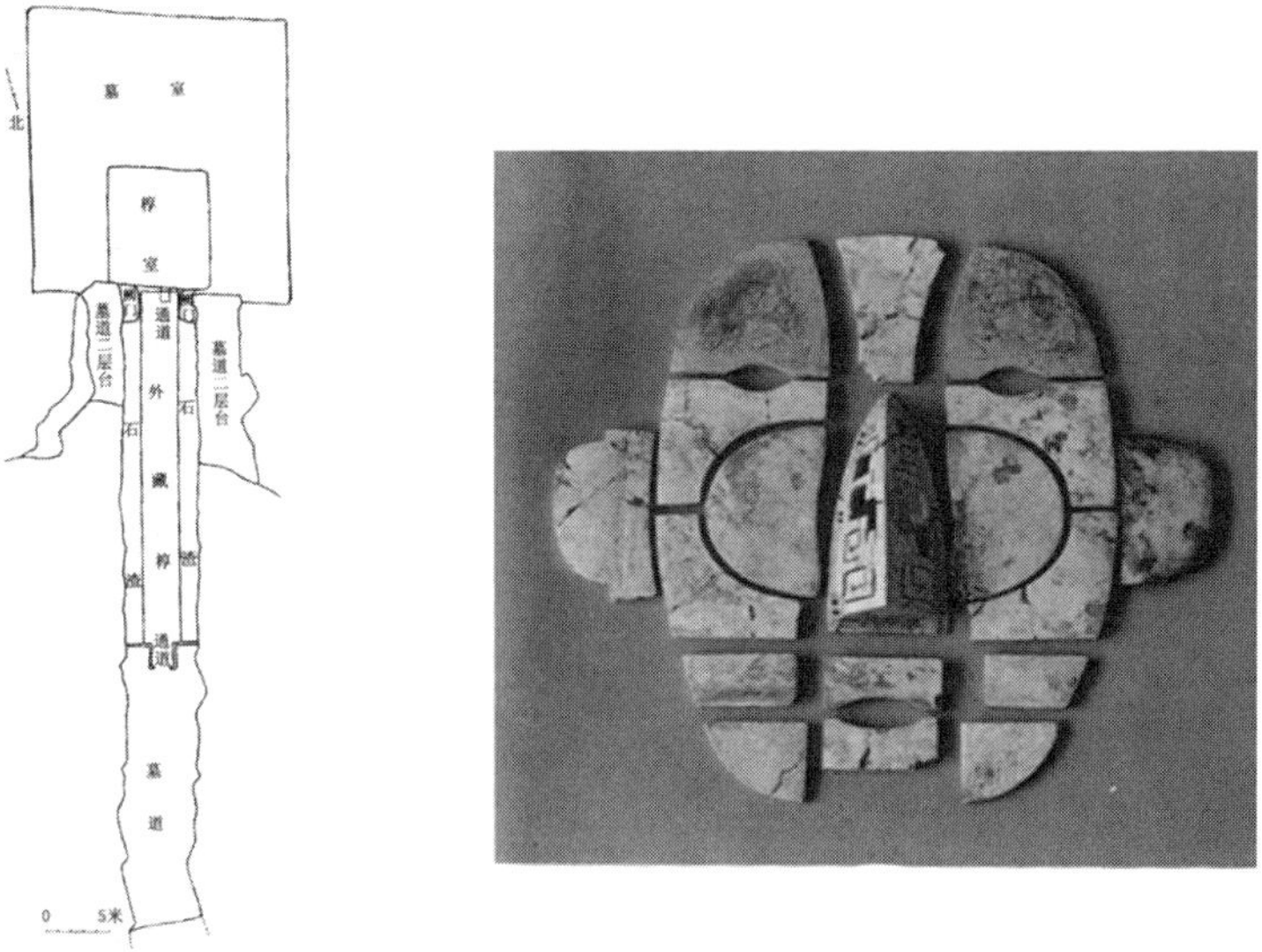

図十一　山東長清県双乳山漢墓及び出土遺物

は、約二百四十立方mもあり、櫟・檫などと鑑定されています。また漆器・木器・陶器・銅器・鉄器・車馬器・兵器・鉛器・玉器・封泥など、五百点以上の遺物が出土しています。そのうち、銅壷に「共府」の銘があり、また封泥に「六安食丞」とあり、被葬者は武帝元狩二年（前一二一年）に六安国に始封された共王劉厭の陵墓と考えられています。以上の大型崖洞墓と黄腸題湊墓のほかに、もう一つの葬制が生じました。

例えば、山東長清県双乳山一号漢墓は、封土・墓道・墓室からなる石坑竪穴式木槨墓で、前漢諸侯王墓のもう一つの特徴的な葬制です（図十一）。墓道と墓室の間に闕門があり、墓室総面積は六百七・五平方m、最深部が二十二m、墓室と墓道を合わせた総長は八十五m、総面積が千四百四十七・五平方mとなっています。また、穿った石の量は八千八百立方mにも達し、巨大な墓道と石坑墓室となっています。槨室の中に黄腸題湊はなく、葬具は二槨三棺で、銅器・玉器・漆器・鉄器・陶器・金餅・銭幣等二千点もの副葬品があります。被葬者は金縷玉衣をもたず、玉覆面・玉

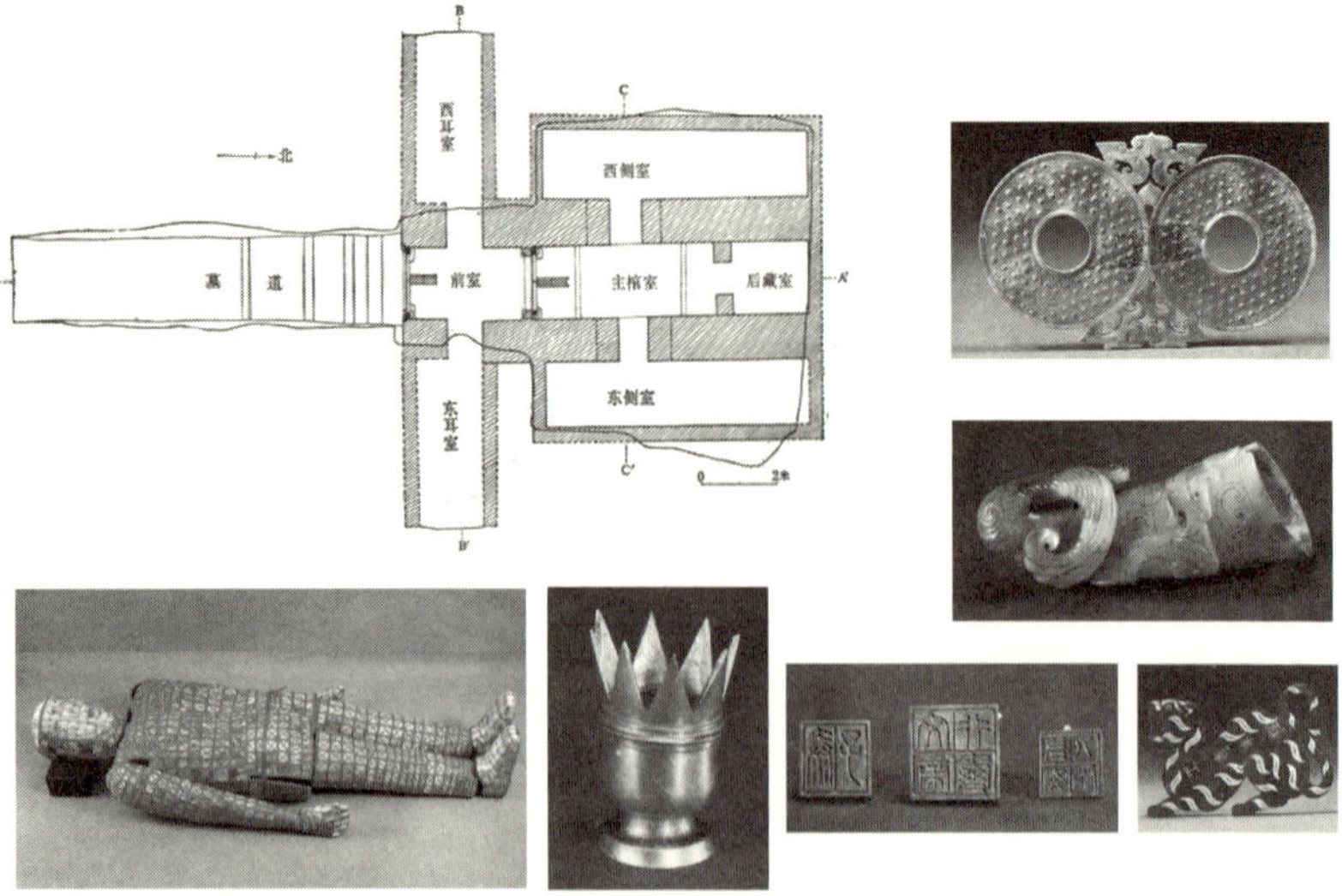

図十二　広州象崗山南越王墓および出土遺物

枕・玉手握のみをもっていました。また馬車五輌が出土しています。金餅には「王」字を刻したものがあります。前漢末の代済北王劉寛の墓と考えられ、下葬年代は武帝後元二年（前一八七年）ないしやや後となっています。

広州象崗山南越王墓は、大型竪穴岩坑石室墓で、紅砂岩石板で墓室を構築し、前室両側耳室は洞を掘って形成されています（**図十二**）。前室・東西耳室・主室・東西側室・後蔵室から構成され、主室に一棺一槨が置かれています。棺内の墓主は糸縷玉衣を着ています。東側室に殉葬があり、夫人の璽から婢妾の蔵室と考えられます。西側室は犠牲や「厨丞之印」の封泥があり、厨に関するものと思われます。後蔵室は銅・陶容器が百点以上あり墓主の宴席を象徴するものでしょう。前室には木車の部品が多くみられます。東耳室は主に楽器が置かれ、銅鐃に「文帝九年楽府工造第×」の銘があります。両耳室で銅礼器・生活用器・兵器・車馬器・金銀玉飾・糸織品など五百点以上が出土しました。南越王墓の構造は、諸侯墓と共通性もありますが、南越国独特の葬制を示しているといえます。出土の印章から、武帝元朔〜元狩年間（前一二八

～前一一七年）に死去した第二代南越王趙昧の墓と考えられています。

以上から、前漢前期の諸侯王陵墓は、規模が巨大で構造も複雑でありましたが、後期になると規模が縮小していき、構造も簡略になっていくことが分かります。また黄腸石が黄腸木にとって代わる現象も見て取れます。前漢前期は、諸侯王国の勢力も強大でしたが、景帝・武帝はその勢力を削減する政策をとり、王国をいくつかの小国に分割し、政治から遠ざけていきます。その一方で、前漢初期には、秦の儀礼制度を継承し、秦に萌芽した「黄腸題湊」の葬制を広く用いるようになります。文帝から武帝年間に、漢朝の儀礼が形成され、巨大な労力を要する大型崖洞墓が現れます。武帝以後、諸侯王国は衰微し、民間に石・磚室墓が現れると、石材を用いた黄腸石墓が出現するという変遷となっています。

二、後漢諸侯王墓

後漢諸侯王墓の発見はやや少なく、墓葬の規模・形態ともに前漢より簡略で、諸侯王が政治に参与しなくなったことと関係があると思われます。

一九五〇年代に発見された河北定県中山簡王劉焉夫婦合葬墓は、竪穴土坑磚室墓で、墓道・耳室・甬道・前室・后室・回廊から構成されます。磚室外に回廊と石壁を設置する特徴をもち、漢代諸侯王の用いた「黄腸石」葬制となっています。

八十年代以後になると、河北定県北陵頭中山穆王劉暢夫婦墓、徐州土山彭城王・王后墓、江蘇邗江甘泉山広陵思王劉荊夫婦合葬墓、山東臨淄金嶺鎮斉煬王劉石墓、河南淮陽北関鎮頃王劉崇墓、山東済寧任城王・王后墓などが相次い

で発掘され、これらは後漢前期・中期・後期に分けられ、後漢諸侯王葬制の研究に重要な資料となっています。

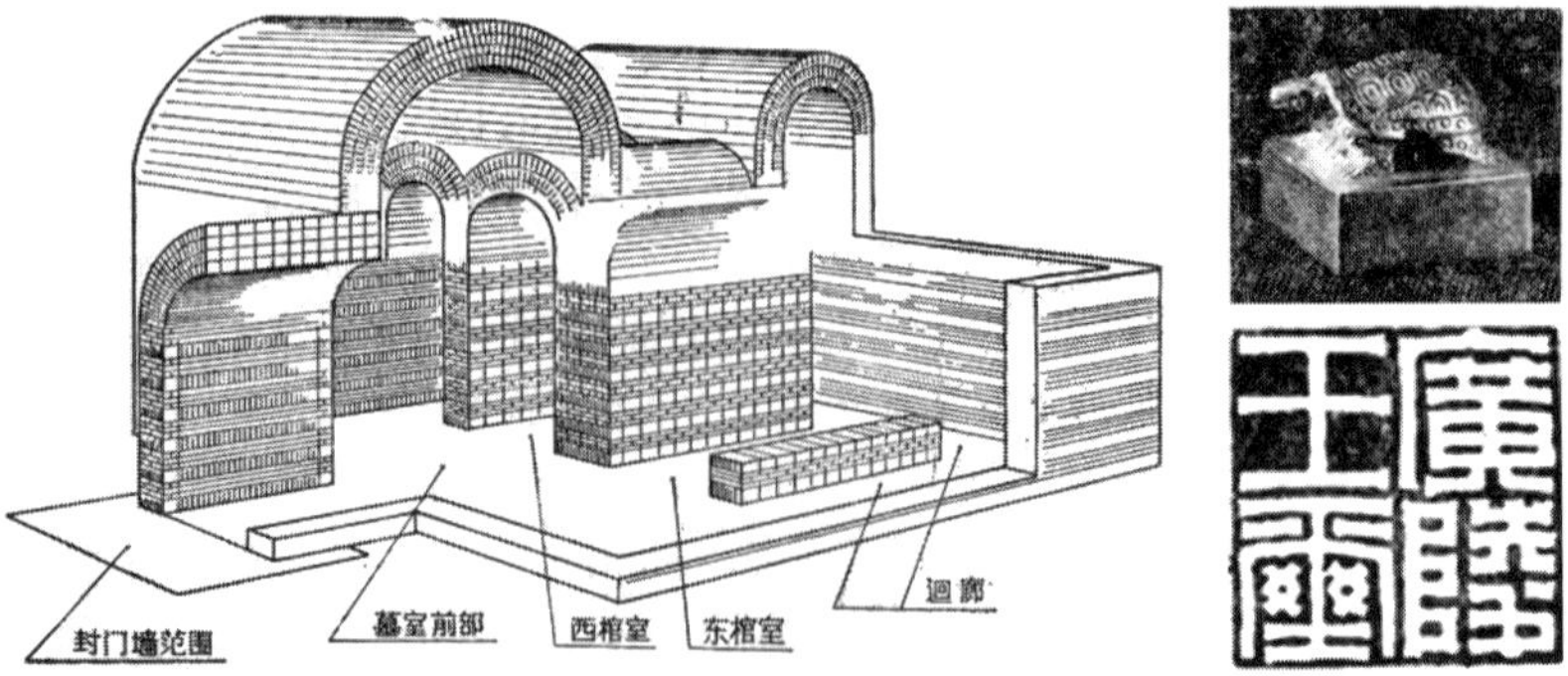

図十三　劉荊墓および広陵王璽

【後漢前期】

劉荊夫婦合葬墓は、一九八〇年に発掘されたもので、大型の磚券墓（磚積みの天井がアーチ状の墓）です（図十三）。墓道・墓門・甬道・前室・二棺室・回廊から構成されています。前室は横長長方形で、二棺室と回廊の間に間隔はありません。二棺室は墓室中部後ろ寄りに二つの磚室が築かれたもので、その左・右・後三面に回廊が作られています。棺室・回廊・甬道で陶磁器・銅器等が出土しています。銅雁足灯の底盤口縁に「山陽邸銅雁足鐙建武廿八年造比十二」の銘がみられます。「広陵王璽」の金印が発見されており、墓主は永平元年（五八年）に山陽王から広陵王に封ぜられた劉荊となります。

斉煬王劉石墓は一九八四年に発掘されており、大型磚室墓です。封土・墓道・甬道・東西耳室・前室・主室（後室）・回廊から構成されます（図十四）。主体が磚築のほか、甬道・前室・主室・回廊の内側に基石が一周舗装された構造です。東耳室に倉・灶・楼・厠所・猪圏・風車・碓・磨など陶制模型明器、甕・鼎等の容器、瓮が置かれ、両耳室では鼎・盒・尊・奩などの陶器や石鏡形器・鉄環等が出土しています。前室は遺存が少なく、銅灯・承弓器・帯鉤・銅制部品・鉄剣・鉄戟・鉄鏟などが出土しています。主室は盗掘されており、攪乱土から玉衣片・玉璧・玉環残片玉璜等が出土しました。甬道・前室・主室・回廊内側の基石について、象徴的に黄腸石を表すともいわれており、こういった形態は後漢後期にも継続しています。被葬者は、建武二十七年（西暦五一年）に封ぜられ、永平十三年（七〇年）に死去した後漢斉煬王劉石と考えられます。

【後漢中期】

淮陽北関陳頃王劉崇墓は一九八八年の発掘によるもので、回廊をもつ磚室多室墓です。墓道・墓門・甬道・左右耳室・前室・後室・回廊から構成されます。四周は磚積みの回廊で、回廊四隅と東西北の三面に七つの長方形磚室を設置し、門と回廊が相い通ずるようになっています。回廊中部の中軸線に沿って、甬道・左右耳室・前室・後室が構築されています。石塊で床を舗装し、また甬道壁と後室内壁も石塊で構築されています。これは新しい形式であり、前段階を受けつぎ、かつ次の段階へと通じるものといえます。定県北荘劉焉墓のような外にめぐる黄腸石壁はありませんが、外部に単独で磚積みの回廊を設けており、これは黄腸題湊葬制における回廊を磚築で模倣したものといってよいでしょう。各種石俑や動物模型、宴席画像石などが出土しています。

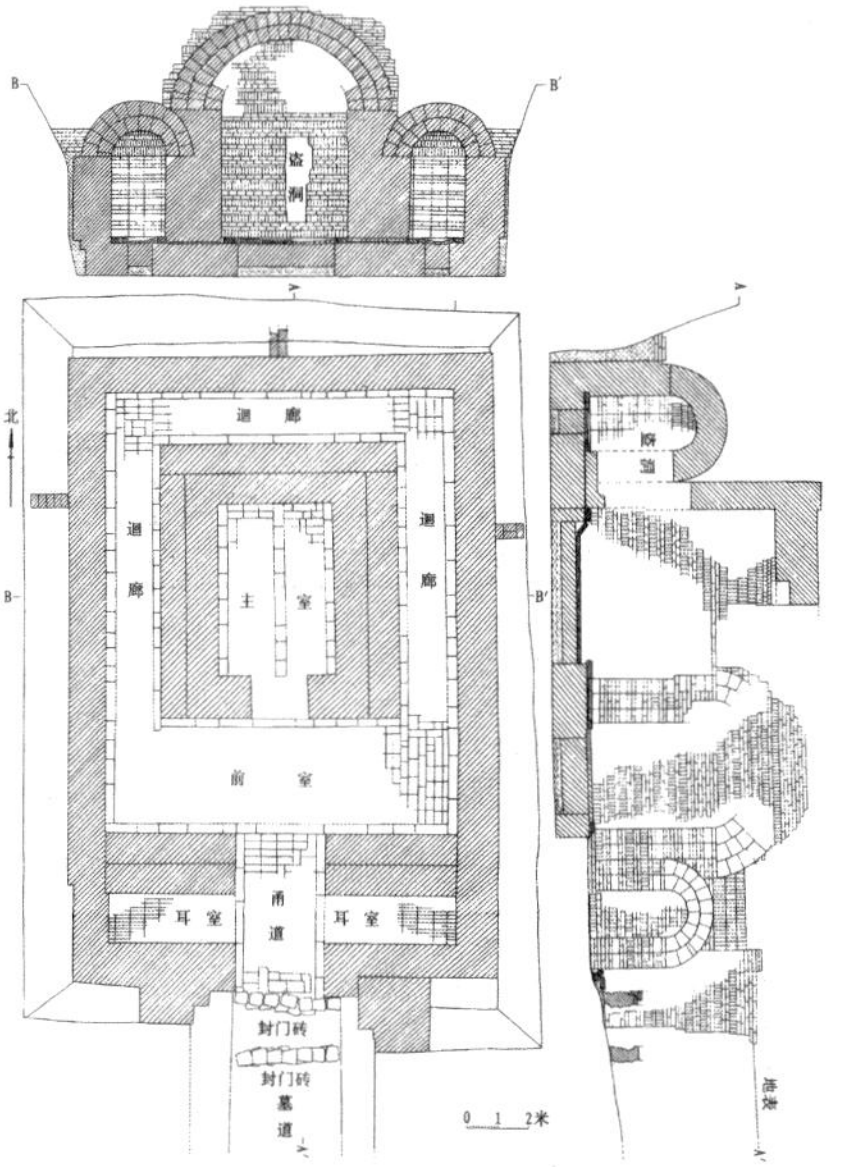

図十四　臨淄斉煬王劉石墓

図十六　徐州土山彭城王后墓出土銀縷玉衣

墓内では銀縷玉衣片が二千片以上出土し、回廊壁磚上に「安君寿壁」の銘が模印されます。被葬者は、もと安寿亭侯で、永寧元年（一二〇年）に陳王に封ぜられ、一二五年に死去した後漢陳頃王劉崇と考えられます。

徐州土山彭城王・王后墓は、後漢中期のやや遅い時期のもので、磚と石の合築墓です。一号墓は青磚と黄腸石で構築され、平面が十字形を呈します。墓道・封門壁・甬道・前室・後室から構成されます。墓頂は弧形のアーチ状で、床は磚で舗装されています。黄腸石は主に封門と甬道構築に用いられ、工匠名や黄腸石の順序・方位などが刻銘されています。工匠の多くは「官工」二字や「官十四年省」などの銘を冠しています。墓内では陶猪圏・井・壷・罐・鎏金獣形硯などが出土しています。墓主は後室に葬られ、銀縷玉衣が着せられていました（図十六）。墓内に兵器はなく、おそらく彭城王の王后墓と考えられます。二号墓は規模がやや大きく、墓道・封門壁・甬道・回廊・題湊石壁・東西耳室・前室・後室から構成されています。墓葬上部に黄腸石を用いて蓋がなされ、厚さが約一m、面積は四百平方mに達しています。墓室外に題湊石壁が一周し、平面は方形に近いものです。東西両耳室に陶鶏・鴨・猪などが出土しました。前室は横長方形、後室は縦長方形、全体で前漢時代の甲字形題湊墓に似た構造となっています。後室盗洞から玉衣片が出土しているのみです。墓主は彭城王と考えられます。

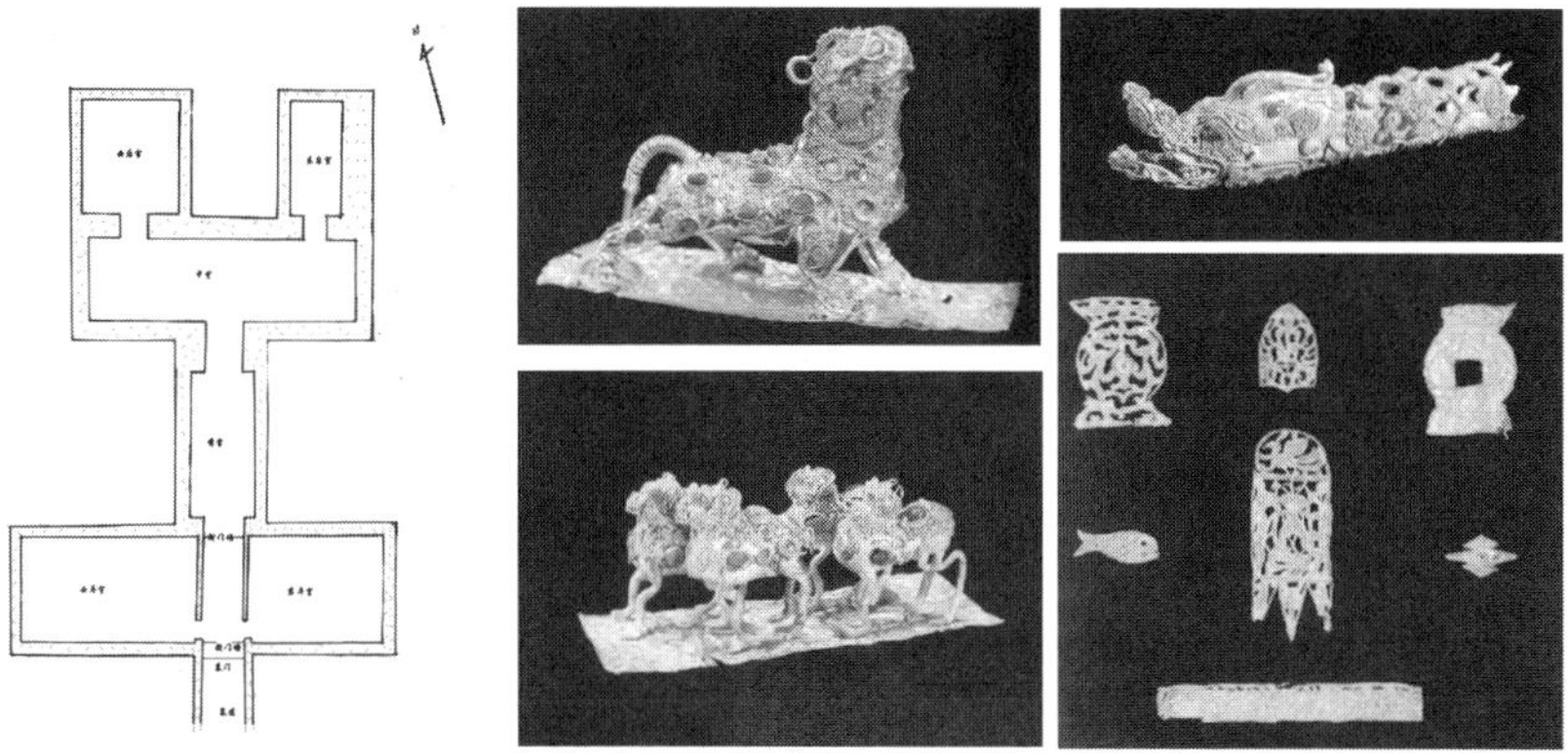

図十七　定県北陵頭中山穆王劉暢夫婦墓および出土金器

【後漢後期】

後漢後期の諸侯王陵には、河北定県北陵頭中山穆王劉暢夫婦墓があります。大型磚券墓で、墓道・墓門・甬道・左右耳室・前室・中室・二後室から構成されています（**図十七**）。二つの後室は劉暢夫婦それぞれの後寝を象徴し、また中室は前堂、前室は庭院を表現しています。金器・銀器・銅器・鉄器・玉器・陶器・骨器など千百点以上の遺物が出土し、また、銀縷玉衣千数百片が出土しました。墓主は後漢中山穆王劉暢と考えられています。劉暢は一四一年から一七四年に在位し、この墓の下葬年代は熹平三年（一七四年）と考えられます。

後漢時代の諸侯王墓を概観しますと、前漢諸侯王のような複雑な葬制はなくなっていきます。後漢前期の主な特徴は外に回廊をめぐらす前後室磚券墓で、黄腸石の有無は被葬者の財力等により異なるようです。後漢中期の諸侯王墓には回廊のある多室磚券墓や左右耳室のある前後室磚券墓があり、これは前漢後期以後の中層官吏の墓葬形態に回廊を構築した結合形態であるといえます。後漢後期の諸侯王墓に至ると、外部回廊はなくなり、中部は前・中・後の三室になります。こういった三室磚券墓は後漢後期に普遍的に流行するもので、諸侯王だけでなく、河北望都一号墓、内蒙古和林格尔新店子烏桓校尉墓、河南密県打虎亭弘農太守墓など、二千石官吏の

図十八　曹休墓および出土遺物

墓にも多用されており、地方官吏や豪族勢力が発展し、諸侯王は衰退をたどり、墓制に差がなくなったことを表すといえるでしょう。

三、曹操高陵と曹休墓

曹操高陵は、二〇〇九年安陽西高穴村で発見されました。ここまでに見てきた漢代諸侯王墓の発展と比較するならば、やはり諸侯王の葬制に基づくものと分かるでしょう。平面は甲字形を呈しており、スロープ状墓道の双室磚券墓で、墓道・前後室、四つの側室から構成されています。詳しい説明は潘先生のお話しに譲りますが、この墓室構造は、後漢時代の王侯墓に類似しつつも変化が生じており、後漢から魏晋の過渡的特徴をもつといえます。形態の最も近い諸侯王墓は、霊帝熹平三年（一七四年）死去の中山穆王劉暢夫婦墓であり、西高穴大墓の年代がその年代に近いことを暗示するでしょう。

曹休墓は、二〇一〇年洛陽で発見されました（**図十八**）。曹休は曹操の族子で魏の征東大将軍で、魏明帝太和二年（二二八年）に死去しました。墓坑平面は十字形を呈しています。東西全長は五十・六m、南北幅二十一・〇m、深さ十・五mで、上口総面積は約五百平方mとなっています。墓道・甬道・前室・耳室・北側室・南双側室・後室から構成され、みなアーチ状の天井で、扇形磚を一層横並びに構築しています。甬道・各墓室の間の甬道には楔形の磚を二層縦に並べています。墓道全長は三十五m、幅五・四m～九mとなっています。邙山陵墓群の墓は、考古探査により、みな甲字形の方坑磚券墓とされています。

発掘された後漢諸侯王墓からみて、後漢帝陵の墓室はおそらく前室を主体とする回廊墓で、それ以下の列侯・公卿大夫が一般に「十」字形・「干」字形の方坑磚券墓で、外回廊がなく、単純な前後室ないし双室墓になります。こういった墓葬は洛陽で非常に多く、中原・華北地域で後漢前期後葉から後漢中・後期にかけて流行しています。後漢後期に至り、これらの墓葬は甬道に一室増え、前中後の三室構造になっていきます。曹休墓の墓葬形態はこの延長にあると考えられ、生前列侯に封ぜられた身分に合致するといえます。曹休は曹操より八年あとに死去し、曹操高陵と比較できる墓葬では最も年代が近く共通点も多いのですが、等級上でやはり差が明らかです。

以上の比較から、曹操墓の年代は曹休墓の年代に近く、その形態は定県北陵頭の後漢末期劉暢墓に近いといえ、墓葬構造から分析して、西高穴二号大墓の時代的特徴と被葬者の身分は曹操に合致するのであり、出土遺物からみても、被葬者は二二〇年に亡くなった曹操であることは間違いないでしょう。

六　討論会

愛媛大学東アジア古代鉄文化研究センター
三国志　魏の世界
―曹操高陵の発掘とその意義―
村上　恭通
白　雲翔
潘　偉斌
郝　本性
張　志清

討論会

村上……村上恭通　**白**……白雲翔

潘……潘偉斌　**郝**……郝本性　**張**……張志清

村上　それでは私が進行役となりまして、午後の討論会を進めたいと思います。二日にわたり四人の先生方にお話しいただきました。白先生には三国考古学の非常に分かりやすい概説的なお話をいただきました。潘先生には、曹操墓そのものの発見のプロセスと出土遺物についてお話しいただき、郝先生には、文字資料から曹操の人物像に関する研究についてお話しいただきました。また、張先生には漢代帝王陵墓の変遷についてお話しいただき、これは曹操墓を理解するのに非常に重要な内容で、曹操墓のみならず、帝王墓全体の変遷と時代性の分かるお話でありました。

この討論会を進めるにあたり、ご来場の皆さんに、多くの質問状をいただき、その中でぜひ聞いておきたいと思われる点も多々ありましたので、その質問の内容を織り込みながら、討論を進めさせていただきたいと思います。

まず潘先生には、たくさんのスライドを見せて、発見の様子をお話しいただきましたが、最初に石室の中に入られた時に、その墓の時代やどういうクラスの墓か、ということがすぐ理解できたでしょうか。

潘　初めに盗掘口から進入したときは、土の堆積が三ｍにも及んでいましたが、墓の構造自体は非常にはっきりしていました。規模は大きく構造も複雑でしたが、過去に調査された漢墓などと比べると、非常に規律の整ったものでした。前室・後室とあり、それぞれに二つの側室の備わる、規格性の高い構造であることが分かりました。底面は堆積のため不明でしたが、四角錘状の天井などから、墓室は非常に高く、その規格が非常に高いことが分かります。また、墓葬の大きさ・形態から、洛陽邙山で発見されている後漢大墓と比較して考えると、その時代は後漢時代後期、その身分は王侯クラスであると推測できました。

村上　昨日のスライドでは、二〇〇六年の盗掘坑とそれよりも古い盗掘坑があるということでしたが、何度ぐらい、あるいは二〇〇六年以前の盗掘坑というのはいつごろのものと考えられますか。

潘　一つは二〇〇六年に盗掘された時のもので、我々が発見し、私が墓内に入った時のものですが、その後、同じ盗掘坑から再び盗掘が行われています。もう一つの盗掘坑は、おそらく西晋時代のもので、一説によると、八王の乱の際に盗掘し、石牌に見られる文物などをもち去った可能性があります。

村上　盗掘が非常に古い時代に行われていたということが分かりました。私たちは今回先生方のお話を聞いて、皆さんもほぼ曹操墓であると思ってらっしゃると思いますが、発見以降、この墓が他の人の墓であるという案も出されたのではないでしょうか。

潘　この墓は曹操墓であることは間違いありません。その規格・時代・出土遺物などから、これだけのクラスのものは他の人では考えられません。例えば曹操の族子の曹休は、その身分は侯に至りますが、しかし彼の墓葬の規格は、多室墓ではありますが、曹操墓と比べかなり低く、墓内の構造・規模も小さいものです。中には夏侯惇と推測する人もいますが、彼はまず漢代の将軍であり、曹魏時代の将軍ではなく、曹休や曹魏時代の将軍の墓の規模を超えることはなく、夏侯惇の墓がこれだけの規模になることはあり得ません。また、帝王陵墓に特有の副葬品として、圭・壁がありますが、この墓で発見された石圭は国内でも最も大きなものです。そして石牌に見られる銘が直接被葬者の身分を示しています。

村上　この曹操墓では、六十歳代とみられる人骨が出土していますが、それは前室から出ています。本来なら後室にあるべきものと思われますが、やはり後の攪乱によって動かされたのでしょうか。

郝　まず中国古代の墓葬について、前室と後室に分かれる場合、生前の宮室になぞらえて、前部を堂といい、祭祀などを行う場所であり、後部を室といい、居住する場所でした。しかし、磚室墓は往々にして浸水しやすく、そこで人骨が発見される場合、その多くが水の影響で本来の位置から動いているのが常です。そして曹操墓の場合、歴史上何度も盗掘を受けているので、おそらくは人為的に動かされた結果と考えられます。仮に浸水の影響で人骨が動いた場合、全身の骨があるわけですが、曹操墓の場合は、主に頭骨のみとなっており、人の入り込んだ影響でしょう。ですから、本来の位置は後室に違いないでしょう。

村上　有難うございました。それから、西高穴大墓には一号墓と二号墓がありますが、一号墓は誰の墓に相当するとお考えでしょうか。

潘　これは現在研究中です。将来判明したならばご報告したいと思います。

村上　次に、この西高穴大墓は墳丘がないということですが、張先生のお話を聞きまして、漢代の墓の変遷が分かったわけですが、後漢時代中後期の墓葬というのは基本的に、墳丘をもつのでしょうか。

張　後漢時代の王陵は一般に封土をもちます。前漢時代の帝王陵は一般に山中に築かれ、山が封土に相当しますが、それ以外の場合は封土をもちます。曹操墓に盛り土がないことは、中国古代の葬制の変遷における一つの転換期であったと言えます。文献にみられる「不封不樹」に相当するでしょう。

村上　そうすると、それ以降の魏の墓は、基本的に盛り土をもたなくなるのでしょうか。

白　漢代の帝王陵には確かに封土があったわけですが、曹操墓以後の帝陵において封土がなかったというのは、非常に短い期間のことでした。そして西晋以後は、再び盛り土をするようになります。ですから、盛り土がなされない時期は限られ、それも西高穴大墓が曹操墓であるとする理由の一つなのです。

村上　墓だけではなく、先日のお話ですと陵園も発見されているということですが、曹操高陵の陵園の門は東向きということでよろしいでしょうか。

潘　西高穴村では二つの大墓が発見されており、どちらも墓室が西に座し墓道が東を向くものです。正確に東を向くのではなく、東から二十度ほど南へぶれています。そして、陵園の東壁に、二つの墓道に相対して二つの途切れた部分すなわち陵園の門が発見されています。それが、東にある鄴城とどのように関係があるかが問題になりますが、必ずしも関係があるとは限りません。例えば、安徽省亳州で発見された曹操宗族の墓群と比較すると、それらもやはり東向きです。曹騰（曹操の祖父）・曹嵩（曹操の父）ともに後漢時代に死去していますが、その墓の向きは、後漢代に一般的な北向きとは異なっています。ですからあるいはその墓の向きは、曹一族の風習であったことも考えられます。

村上　曹操の一族の墓に話が及び非常に興味深いことが分かりました。こういった曹操の墓に盛り土がないことに関して、それは遺言を残したわけですが、「不封不樹」や副葬品を質素にするようになど、確かに見せていただいた副葬品などを見ますと、張先生に報告していただいた前漢代の副葬品などに比べ、きらびやかさがない、ということがよく分かりました。こうした曹操が出した遺令というのは、あくまで曹操の埋葬だけに関するものなのでしょうか。

張　確かに曹操墓の副葬品は、前漢・後漢時代の諸侯王墓と比べると簡略なものになっています。これは一つには、後漢時代末期の社会経済状況とも関係があります。当時の中国北方は戦争が絶えず、人々の生活は苦しいものでした。曹操墓の副葬はそういった社会状況を反映するものでしょう。そして彼の遺令は自身の葬送に関するものでした。彼は当時皇帝ではありませんでしたので、そういった制度を変えることはできなかったと思われます。

村上　経済状況を反映したうえで、自分の墓に関しては、質素を旨としたということですね。シンポジウムでは随分副葬品について見せていただきましたが、それについて質問したいと思います。郝先生のお話の中で、文字の書かれた石牌の話がありまして、文字資料が非常に重要であることが分かりましたが、こういった武器類その他につけられる石牌というのは一般的なものでしょうか。

郝　古代には一つの制度がありました。副葬品には生前に使用したものもあれば、副葬のために作ったものもありますが、それらを墓に副葬する際には、副葬品のリストを作ります。時代などにより遣策・楬・衣物疏などと言いますが、いずれにせよ副葬品の登記表です。これは当時の葬送に関する一つの制度であり、単に副葬する品につける札というものでなく、目録として一緒に埋葬します。我々は、発掘において名前の分からない遺物をしばしば発見するわけですが、そういった目録と比較することで、その名前を知ることができ、研究上非常に有用なものです。ただし多くの場合、長い年月を経ているため、保存されていない、例えば曹操の着た衣服について、石牌上には多くの種類が記されますが、ほとんどが、すでに腐食して残っていません。また、中には対比できるものもあります。例えば、「珪一」の銘をもつ石牌がありますが、実際石圭一点が出土しています。ただし、実物をそのまま埋葬するとは限らず、明器など象徴的なものを埋葬する場合もあります。また、石牌には一つ一つに孔が空いており、紐などを通してひとまとめにしてあった可能性があります。

村上　その石牌のうち圭形のものですが、一つ一つ兵器の副葬品そのものにつけられていたのでしょうか。

郝　その兵器は、平時に実際使用していて、兵器庫で保管する際は、おそらく札などを付けていたと推測されます。ただ、曹操墓で発見された石牌は全く異なる性質のもので、「魏武王」は曹操の死後の名称ですから、埋葬のための札になります。

潘　それについて補足しますが、石牌には銅の鎖がついており、その先に細く長い銅の棒がついています。おそらく兵器のどこかの部分に挿し込んだものと考えられます。石牌の記載には、儀仗隊列である鹵簿について記されたものがあります。それらの兵器はその鹵簿の一部分と思われます。そして鹵簿を使用したものは「魏武王」であり、生前使っていた武器類を納めたと考えてよいでしょう。

村上　武器類はいろいろと出ているようですが、そのうち甲冑について、小札が牛の筋で綴り、牛皮を覆輪にするものでしたが、具体的にどのような形態の甲冑になるのでしょうか。

郝　現在発見されている鉄甲冑は、表面に銹が多く、今のところ銹の除去と復元が進んでいません。そのため具体的にお話しすることはできませんが、曹操の息子曹植の文章で、曹操が彼に二つの鎧甲を与え、それを兄曹丕に彼が皇帝になった際に渡したことが記されています。曹操は冑に革製のものを用いたという話もあるのですが、甲冑の種類や使われ方にはいろいろあったようです。ただ、そういった状況は、今後整理が終わってから結論を出さねばなりません。

村上　また、副葬品の中で注目されるのが鉄鏡です。日本ですと、弥生時代・古墳時代通じて圧倒的に青銅鏡が多いです。曹操の墓では鉄鏡が出土していますが、鉄鏡は特殊なものなのでしょうか。

白　一般的に古代においては青銅鏡が流行するわけですが、最近二十年来の考古発見によると、後漢時代の中ごろから魏晋時代にかけて、鉄鏡が流行します。しかも鉄鏡の大部分は身分の高い人物の墓から出土しています。河北定県の中山王墓、曹休墓、甘粛武威雷台の上級官僚の墓などで発見されています。そして曹操墓出土の鉄鏡は直径二十一㎝に達し、現在発見された中では最も大きいものの一つです。中国の漢代・魏晋時代と日本の古代では、鏡に関して異なる部分もあり、中国では青銅鏡は大部分が直径十五㎝前後の小型のものです。鉄鏡の場合、曹操墓で発見される以前は、十八㎝ものが多くありました。曹操墓出土の鉄鏡は、直径が大きいだけでなく、X線による観察により、金銀の象嵌の模様のあることが分かっています。また、文献によると、曹操が漢献帝に送った品物の中に鉄鏡が含まれており、そういったことから鉄鏡は後漢時代から魏晋時代にかけて、身分の高いものによって用いられたものと思われます。鉄鏡の大きさ、金銀象嵌による模様、当時の社会における鉄鏡のあり方などから、これもこの墓が曹操であることを示す一つの証拠となるでしょう。

村上　有難うございました。魏において鉄鏡のほうが、ランクが上であったというお話を聞くと、三角縁神獣鏡を始め銅鏡を多く副葬した日本列島の人々が、魏の文物をどのように理解していたのか、考えさせられます。もう少し遺物についてお聞きしたいのですが、陶鼎が十二個出土したとのことですが、皇帝の使用するものがそういった陶製なのでしょうか。

潘　曹操墓で出土した陶器は非常に多く、現在復元したものだけでも百四十点ほどあります。磨滅して復元が困難なものも非常に多いのですが、復元の過程で、陶鼎が十個、十一個、と増えていくのですが、その意味が分かりませんでした。そして最終的に十二個になり、文献を調べたところ、『続漢書』礼儀志に、皇帝が死去した際、「瓦鼎十二」を副葬することが記されていました。そして礼儀志には、その他様々な陶器を副葬することが記されますが、それらはすべて曹操墓でも発見されています。そういったことから、当時曹操を葬るのに、皇帝の儀礼を以って行ったことが分かります。

村上　スライドで見た中に陶製の猪圏など建築物の明器がありましたが、そういったものも帝王陵でよく出土するものなのでしょうか。

白　様々な陶製明器を副葬する風習は前漢時代から後漢時代一貫して行われますが、皇帝陵にあったかどうかは、発掘されていないので分かりません。ただし、前漢・後漢ともに諸侯王陵では多く出土しています。後漢時代の山東省臨淄の斉王墓では、猪圏などの陶製明器が多数出土しています。曹操墓でもそういった猪圏の陶製明器が出土しているわけですが、ただし、それのみでこの墓が曹操の墓であると証明しうるものにはなりません。

村上　また、曹操墓では青磁が出土していますが、その産地はどこでしょうか。

潘　現在、修復が急がれており、それについては今後の研究が必要です。

白　少し補足しますと、曹操墓では、普通の陶器と青磁および釉のかかった陶器と、三種類の陶磁器類があるわけですが、それを見た北京大学の楊哲峰氏は、磁器の一部は南方地域で焼かれたものと推測しています。さらに当時の北方地域では、南方産の磁器は非常に貴重なものでした。

村上　ということは、呉の地域の焼き物が、魏の曹操の墓に入っていたということでよろしいでしょうか。また北方においては限られたもののみが手に入れることができたのでしょうか。

白　曹休墓でも青磁が出ていますが、呉の地域からもたらされたものと言えそうです。また、北方においては、これまでの発見は非常に少なく、やはり規格の高い大墓のみで発見されているので、身分の高いものが手にすることができたのでしょう。

村上　一般的な流通ルートとは別のルートでもたらされたのでしょうか。

白　おそらく別の高級品を扱うルートがあったのでしょう。

村上　ここで、画像石についてお聞きしますが、かなり割れた状態で出土しているようですが、もともとどの位置にあって、どういう使われ方をしていたのでしょうか。

潘　我々の発掘によりますと、画像石は主に二つの場所から出土しています。一つは墓室内であり、もう一つは盗掘坑の坑内です。その画像石は、一部比較的保存のよいものを除き、大部分が細かく砕かれています。そのうち大きく保存のよいものが、六点ほど残っています。そのうちの三つが接合し復元されていますが、表面は非常に明瞭で、線刻も細かくはっきりしたもので、刻された人物像なども非常に生き生きしたものとなっています。その画面から、後漢末期のものと考えられます。画像の内容についてみると、いくつかの故事が描かれています。

郝　その内容は非常に豊富ですので、一つ例を挙げて見ますと、最も大きく復元されたものに「七女為父報仇」図がありますが、この故事はどの文献にも残されていません。しかし、当時の民間の画像などには同じ体裁のものがあります。内蒙古ホリンゴールの漢墓の画像で、同様のものがあり、その題字に「七女為父報仇」とあります。また山東地域でも多いのですが、これまで一般に「水陸攻戦」図と言われていました。その後台湾の中央歴史語言研究所の邢義田氏がこの問題について研究しており、私はその意見に賛同しています。すなわち、同様の図案は「七女為父報仇」図であるということです。画像には、七人の女性が父の仇討ちをする場面が描かれています。

村上　まだまだ、お聞きしたいことはありますが、時間もなくなってきております。曹操墓については、調査は継続しているとのことで、今後も情報は日本に伝わってくると思いますので、皆さんにもぜひ関心を持ち続けていただきたいと思います。最後に白先生、この曹操墓の発見によって、新しく学問の方向にもたらされた展望などはあるでしょうか。

白　簡単にまとめますと、まず一つは、曹操墓の発見は、後漢時代から魏晋時代へ続く大墓の変遷のミッシングリンクの発見となったということです。二つ目は、中国考古学では、以前から後漢末期・三国時代の考古資料が限られることから、研究が進んでいませんでした。曹操墓の発見は、三国時代考古学に対する大きな注目を引き起こし、その研究に大きな影響をもたらすこととなりました。そして三つ目は、曹操は歴史上著名な政治家・軍事家・文学家であるわけですが、漢末・三国時代は大きな転換期でもあり、そのように三国時代考古への関心が興ったことは、さらに三国時代の歴史・文化・人物の研究を促進させる作用があります。最後に、曹操墓発見以後、中国ではその真偽を中心に大きな論争が興りました。中には取るに足らない論説もありますが、非常に重要な意見も多く、今後の研究にとっても貴重な見解であり、このように活発に議論がされるのは大変良いことです。

村上　有難うございました。実は先ほど昼食の時間に、皆さんの質問状の内容をめぐって、先生同士で非常に活発な討論がおこり、それを皆さんにお見せしたほうがよかったぐらいですが、時間も限られますので、今回はこのような整理した形で皆さんにお伝えした次第です。まだまだ議論は尽きませんが、遠路お越しいただいた方も多くいらっしゃいますので、この辺で討論会をしめさせていただきたいと思います。四名の先生方本当にありがとうございました。これで討論会を終わりにいたします。

付録

付録一　河南安陽市西高穴曹操高陵

河南省文物考古研究所・安陽県文化局

曹操高陵は河南安陽市西北約十五kmの安陽県安豊郷西高穴村に位置する。この地は、西は太行山脈に依り、北は漳河に臨み、南は南嶺に面し、地勢は高い。西高穴村から東へ七kmに西門豹祠遺址がある。東は安陽固岸北朝墓地に面し、漳河を隔てて北に講武城址と磁県北朝墓群がある（図一）。

図一　西高穴曹操高陵位置示意図

この墓葬の西面はレンガの土取り場で、墓坑西部の埋め土は五mほど掘り下げられており、一部露出して数度の盗掘を招いてしまった。二〇〇八年春に、画像石などの遺物が持ち出されている。地下文物を救出し、墓葬がさらなる破壊を受けないように、国家文物局の批准を経て、河南省文物考古研究所は二〇〇八年十二月中旬からこの墓葬に対する緊急発掘を開始した。二基の墓葬を検出し、一号墓・二号墓と登記している。一号墓はなお発掘途中であるため、ここでは二号墓（曹操高陵）の資料について以下に報告する。

二号墓は西高穴村の西南、一号墓の南面に位置する。海抜百五mで、地勢は高く、地表は現在畑となっている。墓葬は地表下二mのところから墓坑が掘られているが、発掘の後も、墓上に封土は確認されていない。墓室西部の断崖部分に直径三・八m、深さ三mの盗掘坑があるが、墓室には到達していない。断崖下に南北二つの盗掘坑があり、そのうち一号盗掘坑の上部の地層は、レンガの土取りの際にすでに掘られており、時代は不明である。二号盗掘坑は現代のもので、直径約一mである。一号盗掘坑を検出したさい、地表から五mの盗掘坑付近で大量の画像石残塊が出土した。

墓葬前室の舗装石は一部すでにはぎ取られ、特に北側室の舗装石の破壊が著しい。後室中部の甬道に近接した部分の舗装石も剝がされ、さらに下に向かって探坑が掘られている。

一、墓葬形態

墓葬平面は甲字形を呈し、多室磚室墓となっている。西に座し百十度東に向く。墓坑平面は前が広く後が狭い台形で、東面幅二十二m、西面幅十九・五m、東西長十八mで、面積は四百平方mほどである。墓葬総面積は七百四十平方mで、墓道・磚積みの護壁・墓門・封門壁・甬道・墓室・側室で構成され、全長は六十mに達する（**図二・図三・図版三**）。墓室・甬道・側室はいずれも長さ四十八㎝、幅二十四㎝、厚さ十二㎝の大型磚を積み上げて構築されている。

墓道　スロープ状で、長さ三十九・五m、最深部は地表から約十五mにある。上が広く下が狭い形状である。上部幅は九・八m、底部幅は四・一m。墓道両壁にはそれぞれ七段の台層があり、下に行くにつれ次第に幅が狭まっていく。墓道と墓門の交わる地点の南北両壁には、それぞれ長さ五m、高さ四mの小磚積みの護壁が築かれ、各面の壁内には五本の原木立柱が埋め込まれ、その節の木目が明瞭である。墓道埋め土には大量の小石が混じり、平らに突き固められ、夯層は厚さ〇・一二〜〇・四二mと不揃いであるが、非常に堅く締まっている（**図四・図版四**）。

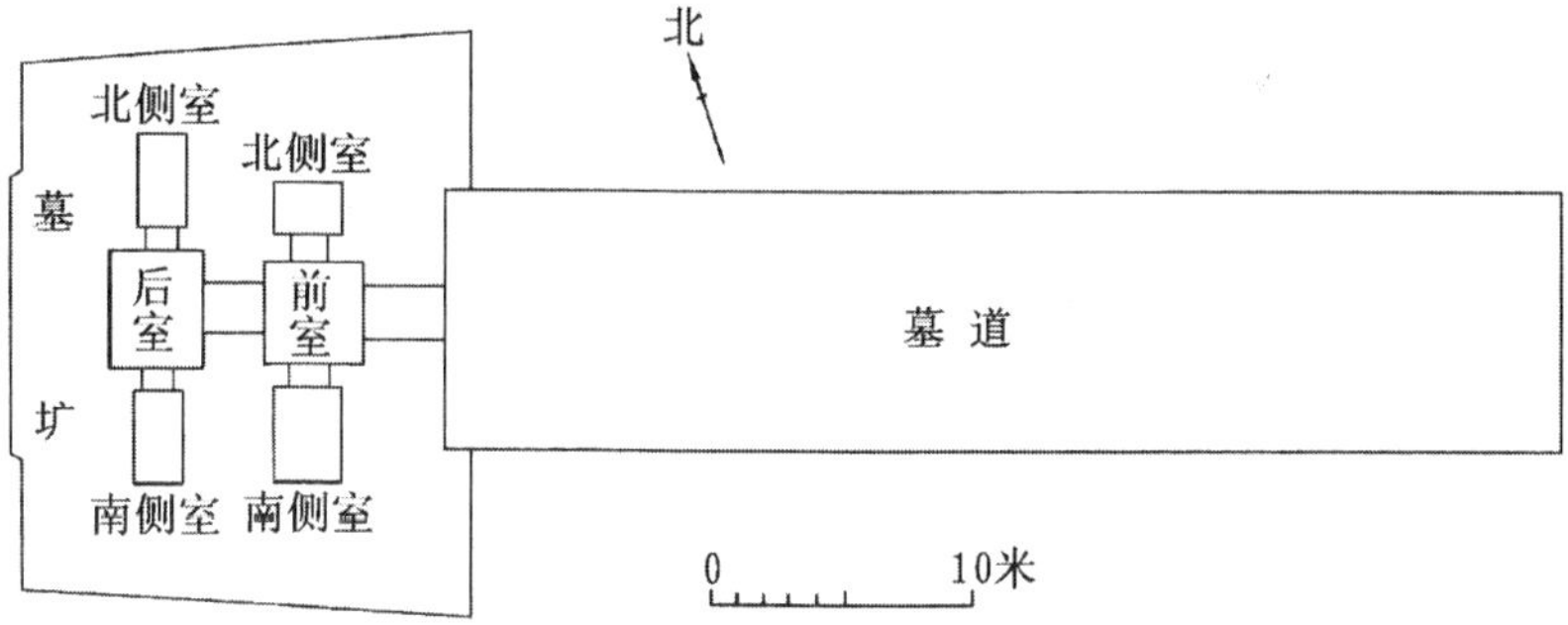

図二　西高穴曹操高陵平面構成図

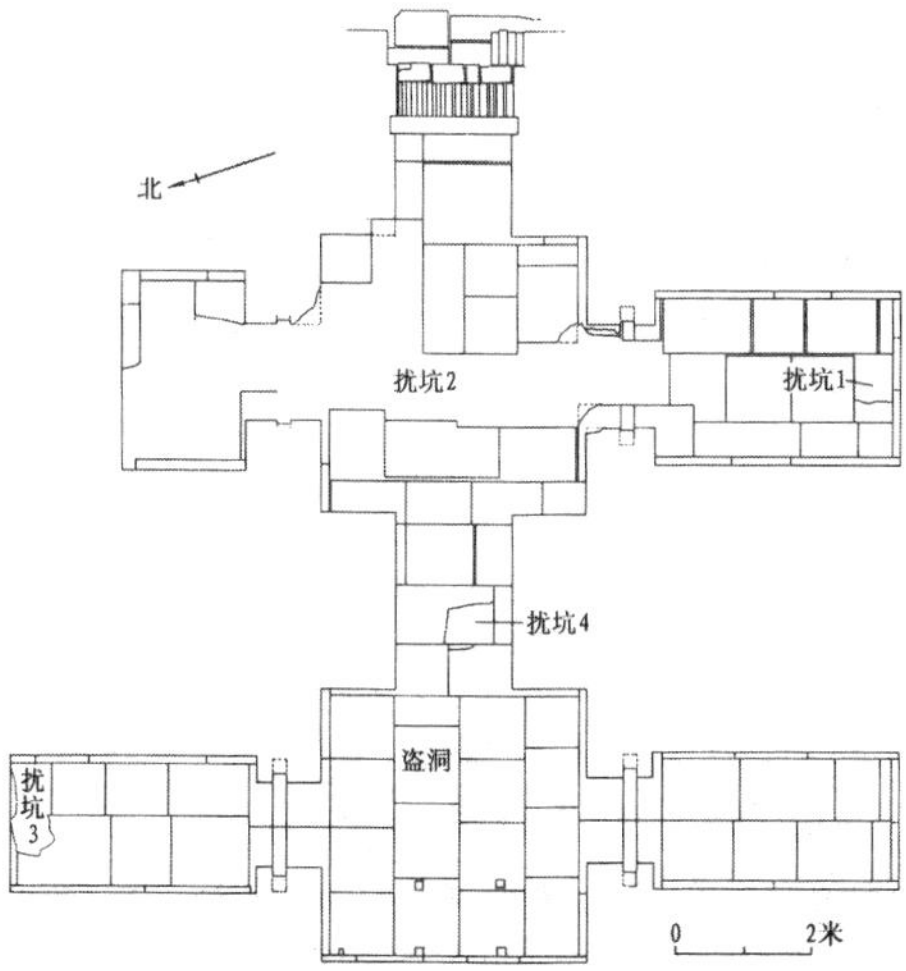

図三　西高穴曹操高陵平面図

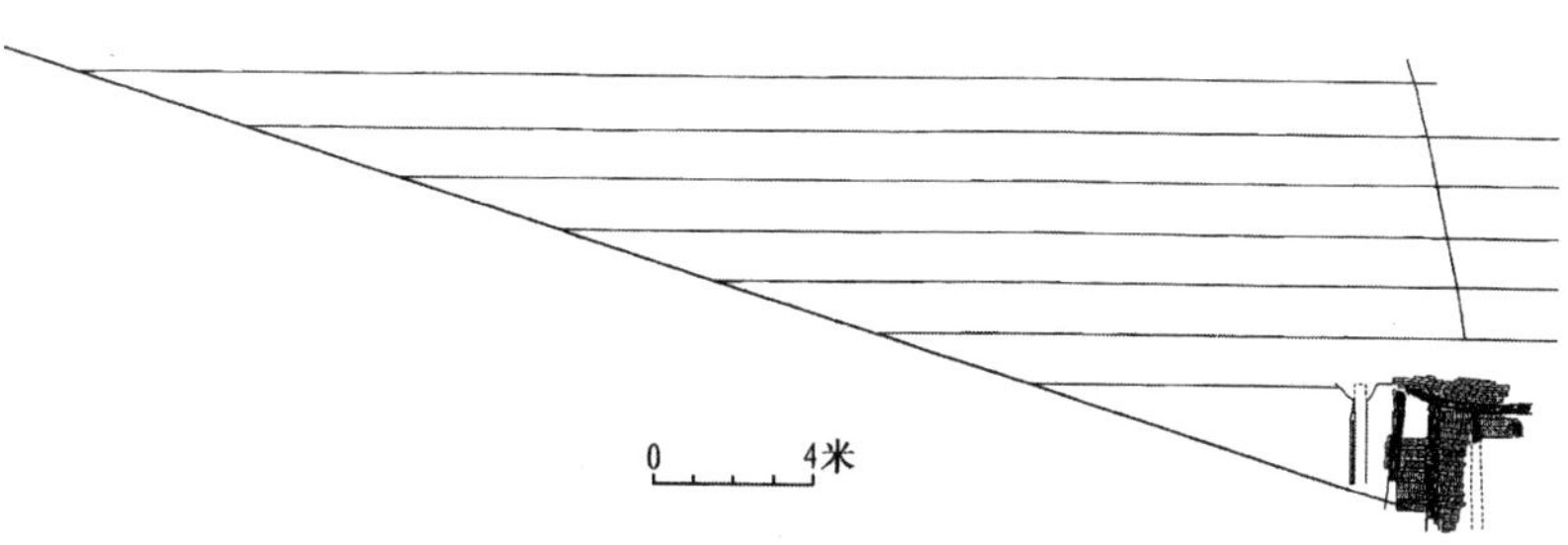

図四　西高穴曹操高陵墓道南壁図

図版

一．前室（東→西）

三．曹操高陵（航空写真）

二．墓門（東→西）

四．墓道（東→西）

五. 刻銘石牌(M2:139)

六. 刻銘石牌(M2:301)

七. 刻銘石牌(M2:298)

八. 刻銘石牌(M2:331)

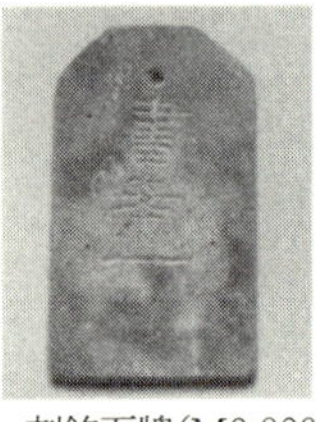

九. 刻銘石牌(M2:328)

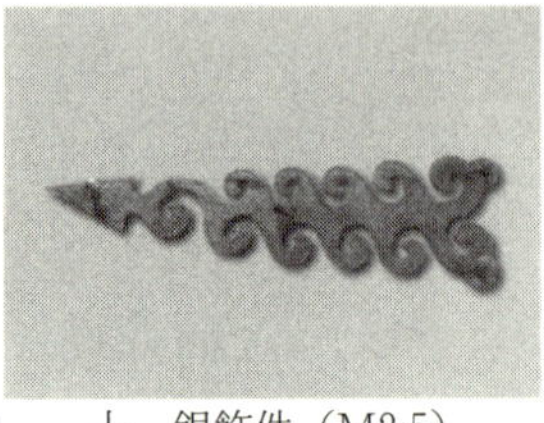

十．銀飾件（M2:5）

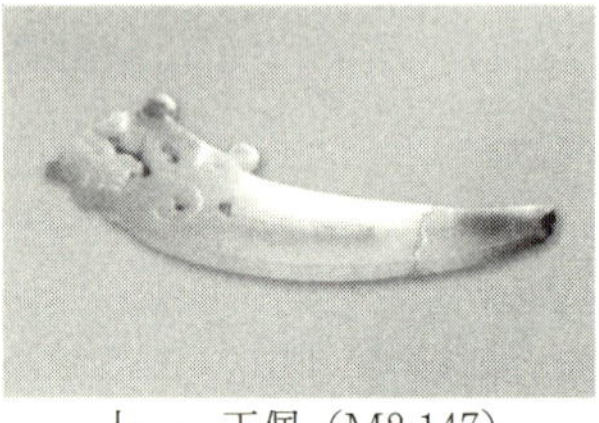

十一．玉佩（M2:147）

墓道両側には九対の磬形坑があり、各坑内には不規則形の坑が見られる。磬形坑に並行して、東西に柱穴が配列する。墓道東端に南北方向に並ぶ方形坑がある（図版三）。墓道東端の右側に、東西長三m、幅一・六mの長方形坑がある。また墓葬中部に南北方向にのびる版築土層があり、墓道に切られている。

墓門　磚積みのアーチ形門で、外側の幅一・九五m、高さ三・三〇m、アーチ高さ一・一三m。内側の幅一・六八m、高さ二・五八m、アーチ高さ〇・八mである。墓門はすでに壊されて存在せず、幅〇・二四mの門槽のみ見られる。外側には三列の封門壁があり、外側封門壁は縦に磚を積み、中間の封門壁は互い違いに磚積みされ、内側封門壁は斜めに磚を立てている。封門全体の厚さは一・四五mに達する（図版二）。

甬道　磚積みで、アーチ状の天井を呈し、長さ二・八五m、幅一・六八m、アーチ高さ〇・八m、通高二・五八mとなっている。

墓室　磚積みで、前・後二室に分かれる。前室平面は方形に近く、東西長三・八五m、南北幅三・八七m（図版一）。四角錘状の天井で、墓床から墓頂までの高さが六・四mである。青石で床を舗装する。前室は南北に二つの平面長方形の側室をもち、南側室の南北長さが三・六m、東西幅が二・四m、床面から墓頂までの高さが三・四六mとなっており、アーチ状の天井で、床から二・二五mのところで内湾が始まる。北側室は、南北長さが一・八三m、東西幅が二・七九m、墓頂高さ四・七m、四角錘状の天井で、床から二・六五mのところから内側に収束していく。前室と側室の間は甬道でつながり、甬道はアーチ状の天井で、封門壁があり、現在は幅〇・二mの門槽のみ見られる。北側室甬道は長さ一・一m、幅一・三六m、南側室甬道は長さ一m、幅一・四mである。側室と甬道はいずれも青石で舗装される。前室の甬道に近いところで頭骨が発見され、鑑定により六〇歳前後の男性とされる。

前室と後室をつなぐ甬道はアーチ状の天井で、青石で床を舗装する。長さ二・四五m、幅一・六八mとなっている。

後室は四角錘状の天井で、東西長三・八二m、南北幅三・八五m、墓頂高さ六・五mで、青石で舗装される。後室の後部に近いところで六か所の石葬具の痕跡があることから、石棺床が置かれ、その中に木棺を安置したと推測される。頭骨二個体分のほか人骨が後室内に散乱していた。鑑定により五〇歳前後と二〇歳前後の女性の二人とされる。

後室にも南北に二つの平面長方形の側室があり、アーチ状の天井で、南北長さ三・六m、東西幅一・九mないし一・九二m、墓頂高さ三・〇八mとなっている。北側室は床から二・一二mのところ、南側室は床から二・一五mのところからそれぞれ内湾していく。また青石で舗装される。後室南北側室ではそれぞれ木棺一組ずつが発見され、周囲に鉄製帳部品（ジョイント部分）が見られた。後室と側室は甬道により連なり、封門壁をもち、現在は幅〇・二mの門槽のみ見られる。北側室甬道は長さ〇・九七m、幅一・一七m、南側室甬道は長さ〇・九七m、幅一・二八mとなっている。いずれも青石で床を舗装する。

各墓室で敷かれる青石の大きさはまちまちで、前甬道の舗装石は長さ一・七五m、幅一・一五m。前室で最大のものが長さ一・六七m、幅〇・八三m、最小のものが長さ〇・七六m、幅〇・七三m。後室最大のものが、長さ一・〇五m、幅〇・九五m、最小のものが長さ〇・九四m、幅〇・九mである。ずらしつつ舗装し、床面は平らになっている。墓壁四周をめぐるように幅〇・一二mの凹槽が床面に見られる。

墓壁内表面は一層の白灰面があり、また上下の多層に鉄釘がある。前室の釘頭は環状で、孔上に紐の痕跡が見られる。後室の釘頭は鈎状である。

墓室は何度も盗掘を受けており、発掘時、内部には三mもの厚さで攪乱土・堆積土があった。遺物は主に下部の最も底に近い部分の堆積土内で出土しているが、盗掘のため多くの遺物は原位置から動いている（**図五・図六**）。前室内では鎏金銅蓋弓帽・鉄鎧甲・鏃・剣と大量の陶器残片、そして「魏武王常所用挌虎大戟」・「魏武王常所用挌虎短矛」

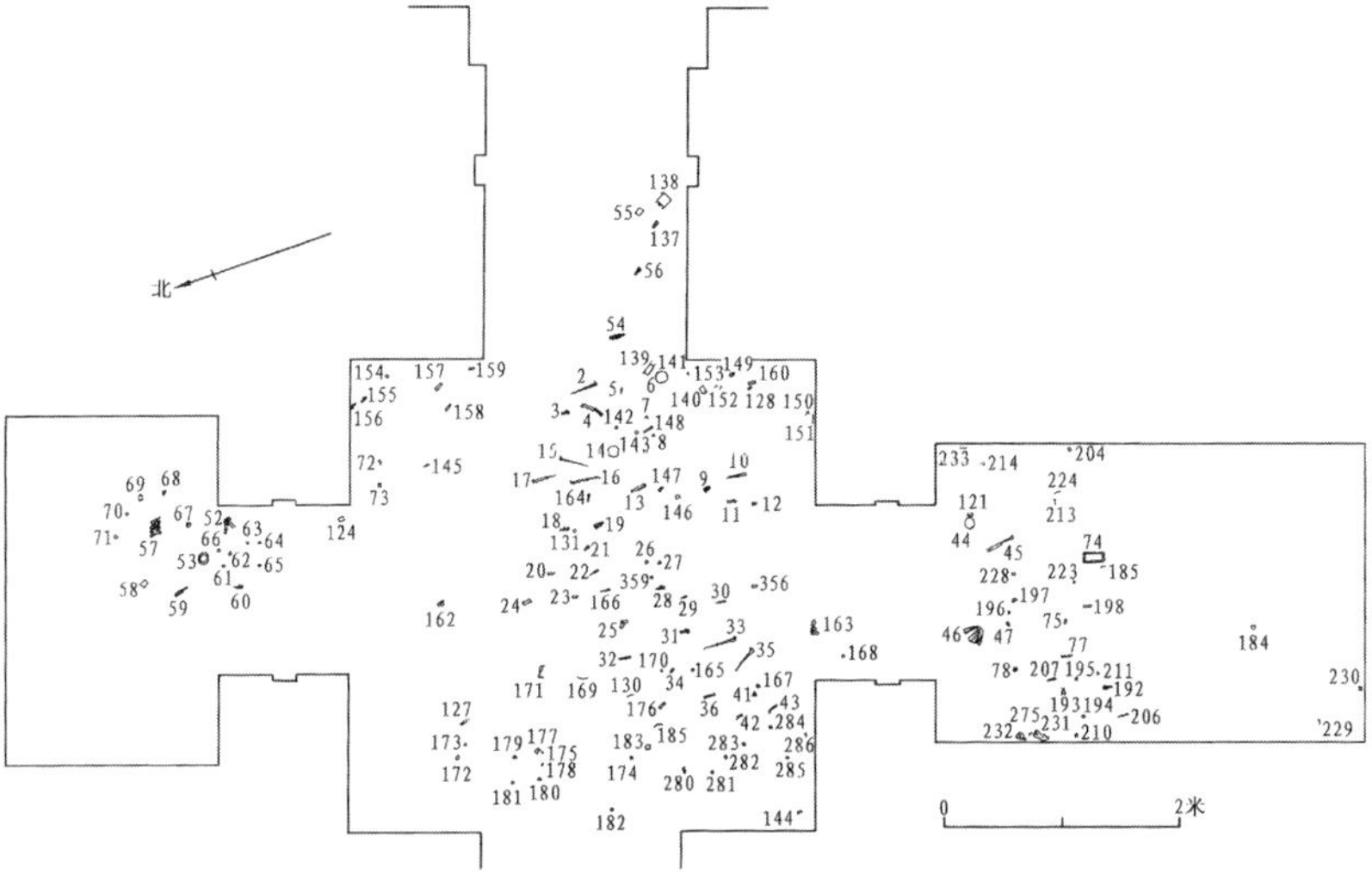

図五　西高穴曹操高陵副葬品分布図（一）

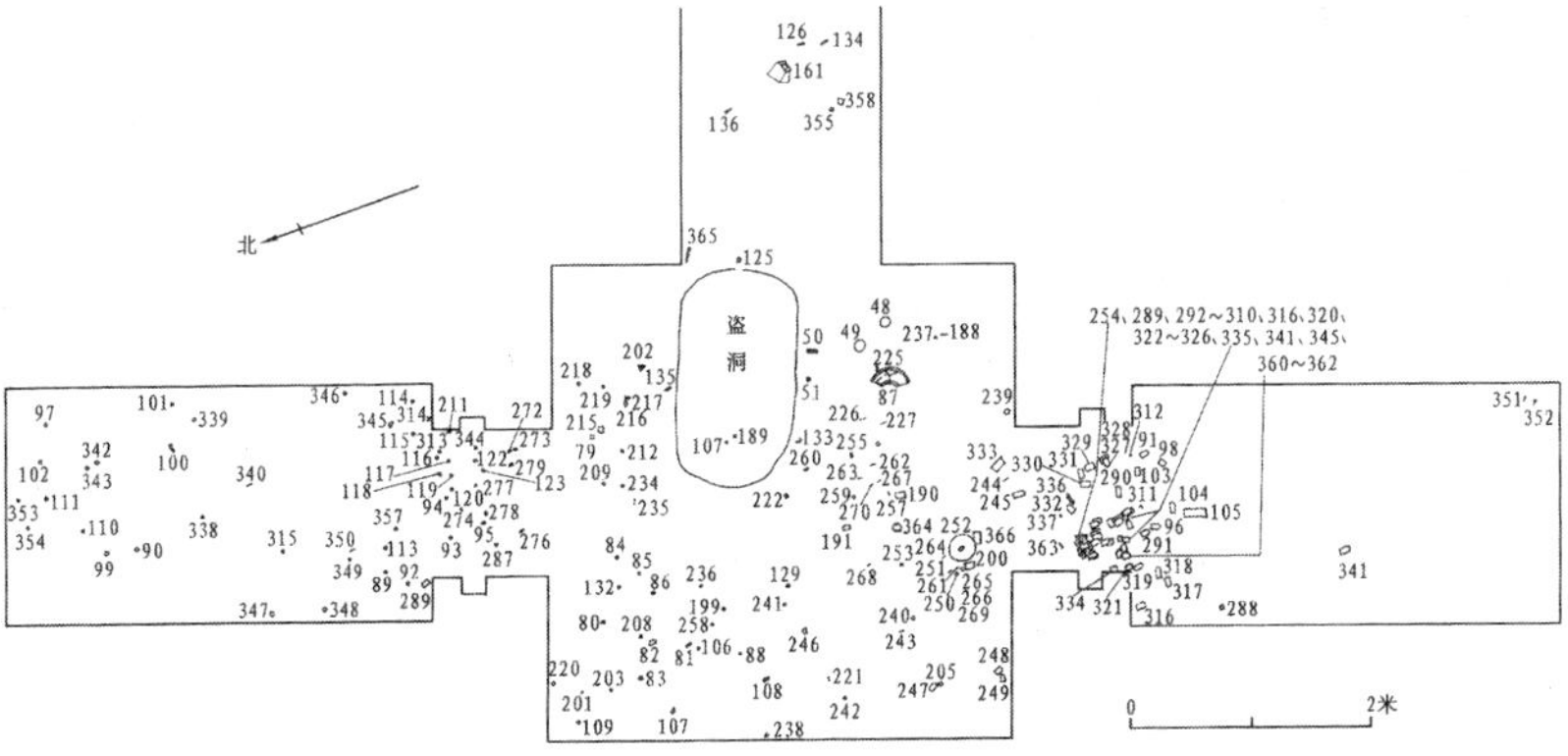

図六　西高穴曹操高陵副葬品分布図（二）

と刻された圭形石牌七点が出土している。前室南側室では二点の陶俑が発見されている。後室内では漆木器が多く発見されているが、残片のみで器種は不明である。他に石圭・石璧や金糸・金ボタン・玉飾り・雲母板・銅泡釘・鉄鏡・画像石残塊などが出土し、また棺釘がやや多く見られ、長いものでは二十㎝に達する。後室南側室の門道部に五十数点の六辺形刻銘石牌が集中して出土している。

二、出土遺物

墓葬は何度も盗掘され、著しく破壊されているが、なお遺物が多数出土している。金器・銀器・銅器・鉄器・玉器・骨器・漆器・磁器・釉陶器・陶器・石器などがあり、被葬者の身分を反映する刻銘石牌や、鉄甲・鉄剣・鉄鏃および時期的特徴の明らかな鉄帳部品などが見られる。この他、銅帯鈎・鎏金蓋弓帽、大量の雲母板と陶器残片がある。

（一）石　器

建築石材　破損しており、主に地表から深さ五ｍにある一号盗掘坑の周囲で出土しており、少数は墓室内で出土した。石刻瓦当・門柱・画像石・彫龍残塊などが見られる。画像内容には「神獣」・「七女復仇」・「宋王車」・「文王十子」・「咬人」・「喝酒人」などがある。図画は精美で、技巧は精緻であり、人物の躍動的な様子は、漢画像石でも珍しいものである。画像石残塊の数量は多く、損壊も著しく、また盗掘のため原位置から動いており、そのため編番せず数量のみを統計している。

圭　一点（M２：３３３）。青石質で、長さ二十八・八㎝、幅七・四㎝、厚さ〇・九㎝（**図七**の一）。

図七　出土石器

璧　三点。青石質で、どれも大きさ・形態は同じ。M2：87は内縁・外縁に沿ってそれぞれ沈線がある。内径七・二㎝、外径二十八・八㎝、厚さ一・一㎝（図八の下）。

刻銘石牌　六十二点。圭形と六辺形の二種類に分けられる。圭形石牌はいずれも長さ一〇・八㎝、斜辺長二・五㎝、幅三・二㎝、厚さ〇・六㎝。先端の中ほどに穿孔があり、銅環が通る。銅環は銅鎖と連なる。上面には「魏武王常所用挌虎大戟」（図版五）・「魏武王常所用挌虎短矛」等の銘文が見られる。六辺形石牌の大きさはどれも同じで、上部短辺長二・一㎝、下部長四・二㎝、斜辺長一・八㎝、全長八・五㎝、厚さ〇・五㎝である。上部中間に穿孔がある。刻字の内容は副葬品の物品名称と数量で、たとえば衣服類では「黄綾袍錦領袖一」とあり、用具類では「鏡台一」・「書案一」・「渠枕一」などがあり、他に「香嚢卅双」・「胡粉二斤」などがある（図七の二〜五、図版六〜九）。

弩機部品　二点。一点は攪乱土から出土した。M2：68は辺長四・二㎝。

虎雕　一点（M2：12）。石炭質で、長さ三・七五㎝、

図九　出土遺物

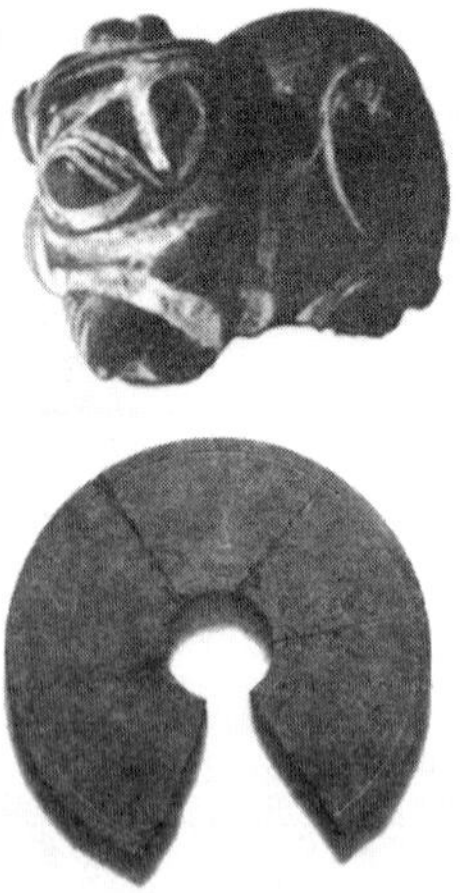
図八　出土石器

幅三cm、高さ二・六五cm（図八の上）。

（二）鉄　器

主に鎧甲・剣・鏃・削等の兵器がある。出土した刻銘牌の記載から、副葬品にはあと少なくとも短矛・大戟・大刀がある。他に鏡や帳部品がある。鉄鎧甲は数量が多く、銹と損壊がひどく、まだ編番しておらず、数量のみ統計している。

鎧甲　数量は多く、大量の散片があり、錆びて固まり扇形の魚鱗状になったものもある。甲片の四周には穿孔があり、錆びて固まった鎧甲からみると、その上部は牛皮が縫い付けられ、牛筋で綴っている。

鏃　ばらばらで出土したものと束になったものとある。M2：54は木柄である。鏃頭は四稜状で、やや丸い。鏃鋌と木柄の接合部は糸を巻いて固定している。残長八・六cm。

鏡　一面（M2：252）。糸織物で包まれ、銹で覆われる。半球形の鈕で、その縁に対称に二つの支点がある。直径二十一cm（図九の三）。銘牌記載から、墓内には鏡台が一つあり、この鏡は、副葬の際は鏡台に置かれていたと考えられる。

図十　出土銅器

（三）　銅　器

鎏金蓋弓帽（図九の一）・傘帽・鈴・帯鈎・鋪首（図九の二）・環・釵・泡釘（図十の一〜六）・帯扣・印符（図十の七・八）などがある。

（四）　金　銀　器

銀製の箱飾り、鋪首、飾件（図版十）、環、また金製の鈕扣、簧、金糸などがある。

（五）　陶器・釉陶器・磁器

未修復で、数量は未統計であるが、現在分かる器形では、陶灶・耳杯・盤・案・壷・三足鼎・甑・罐・托盤・盆・熏炉・尊・厠・匕・硯・俑、そして釉陶罐・青磁罐などがある。

案　七点。泥質灰陶。形態から二型に分かれる。

A型：二点。円形。M２：３７７は、幅広で低い、やや外反りの口縁部をもつ。口径七・八㎝、底径三十六㎝、厚

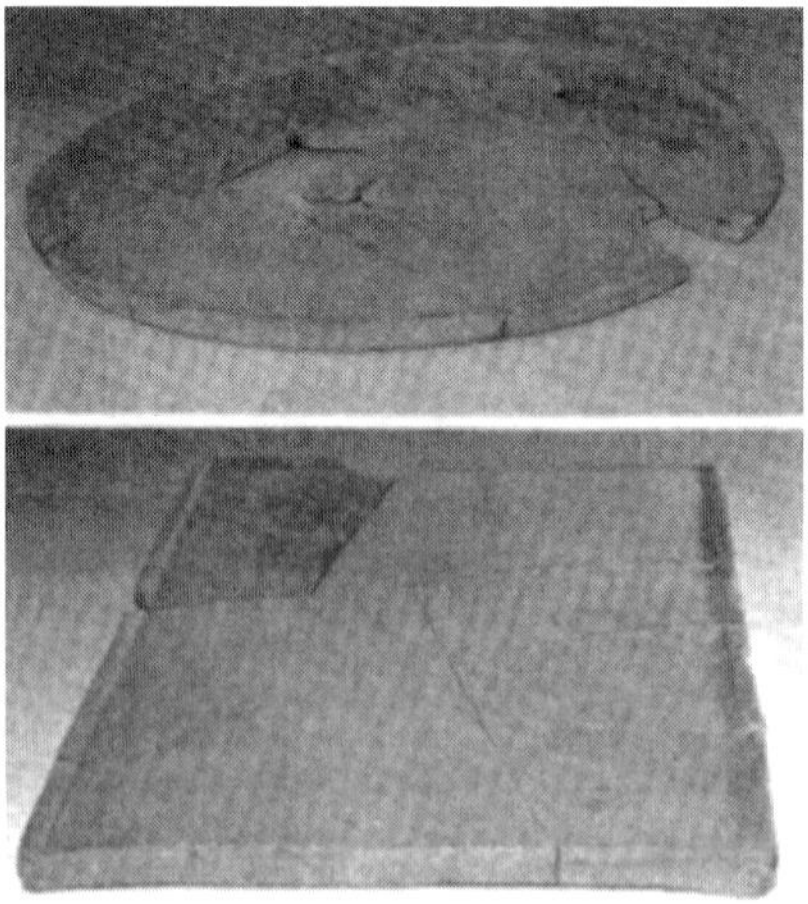

図十一　出土陶器

一・八cm（図十一の上）。

B型：五点。長方形。M2：376は、幅広で低い口縁。長さ四十五cm、幅三十一・八cm、厚さ二cm（図十一の下）。

井　一点（M2：375）。泥質灰陶。井口は方形に近く、井台は円形、井縁は方形で四本の角材で形成される。四隅に柱が立ち、井台と井縁はホゾ組みでつながり、半円形のホゾの頭が突出する。角材の両端は井台の縁より井の字に突出する。円形の井台の下部縁は波状に飾られ、底部にはラッパ状の圏足がつく。井台直径二十七cm、圏足径十六・三cm、井戸枠長十三・二cm、幅十三cm、高さ二十三cm（図十二の二）。

灶　三点。泥質灰陶。形態から二型に分かれる。

A型：一点（M2：374）。中空で全体は長方形を呈する。灶台面上に円形の燃焼部があり、前面に五辺形の火口があり、その上に低い四段の山形の火よけ壁がある。灶台の右面と後面に低い壁がつく。燃焼部の後に方柱形の蓋つきの煙突がある。火口両辺は五条の凹弦紋で飾られ、上部は二条、下部は一条の凹弦紋で装飾される。長さ三十三・二cm、幅二十四・五cm、高さ二十七・五cm（図十二の八）。

B型：二点。M2：373は、中空で全体が長方形。台面上に前後

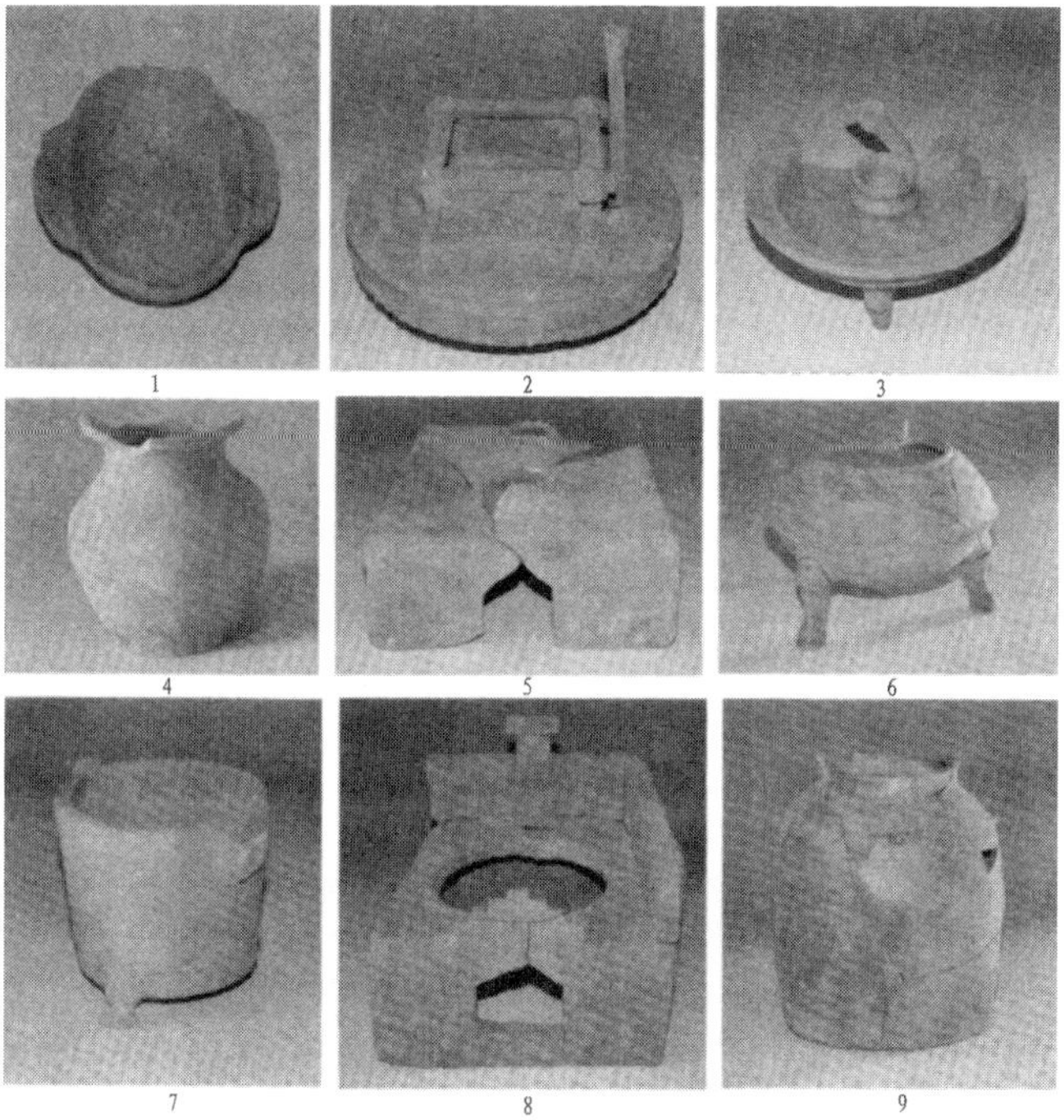

図十二　出土陶器

二つの円形燃焼部があり、口のすぼまった陶釜が置かれる。前面に介字形の火口があり、その上に火よけの壁があるが欠けており、形状は不明である。長さ二十三cm、幅十八cm、高さ八cm(図十二の五)。

耳杯　三点。泥質灰陶、どれも形態は同じである。M2：364は、楕円形の口で、縁は丸みをもちややすぼまる。弧腹、幅広の耳である。口部長径八cm、短径六・三cm、底部長径四・二cm、短径二・四cm(図十二の一)。

釜形鼎　一点(M2：372)。泥質灰陶。丸みのある縁、すぼまる口縁で、首は低く、両耳は外に広がる。三蹄形の足である。口径十・四cm、高さ十二・一cm(図十二の六)。

尊　三点。泥質灰陶、どれも形態は同じである。M2：138は、円筒状で、口部はやや底部より大きい。方形の縁で、口縁下に双耳がある。斜腹、平底で、三つの矮小な蹄形足がつく。

口径十・八㎝、底径九・三㎝、高さ十・二㎝（図十二の七）。

三足器　一点（M２：３７１）。泥質灰陶。方形の縁で、すぼまる口部、幅広の口縁、丸底で、中に中空の柱があり、下部に三つの獣形足がつく。口部内径十六・五㎝、外径二十一㎝、底径十一・二㎝、足高四・五㎝（図十二の三）。

四系罐　一点（M２：３７８）。泥質灰陶。平らな口部、やや尖る縁。首はまっすぐで、肩が丸みをもち、腹部はまっすぐ落ち、大きい平底である。肩上に四つの横向き橋状の鈕がつく。口径十二・四㎝、最大腹径二十・八㎝、高さ二十三㎝（図十二の九）。

広口壺　一点（M２：３６７）。泥質灰陶。方形の口縁で、首がくびれ、肩は膨らみ、鼓腹、平底である。口径十・五㎝、最大腹径十三・四㎝、底径八・二㎝、高さ十四・五㎝（図十二の四）。

双系釉陶罐　一点（M２：３６８）。泥質紅陶、全体に醤色の釉をかける。丸い口縁に、口はややすぼまり、斜めにまっすぐな首、丸い肩、鼓腹、小平底である。肩部は環状突起を呈し、肩下に凹弦紋が飾られ、その上に対称に両耳がつく。口径十一・八㎝、最大腹径二十三・四㎝、高さ二十二・四㎝（図十三の三）。

四系釉陶罐　一点（M２：４０）。泥質紅陶で、全体に青釉が施され、釉層は非常に薄く、剝落している部分もある。丸い口縁、高くまっすぐな首、肩は丸く、鼓腹、平底は小さい。肩に四つの横向きの鈕があり、鈕上には凹弦紋が入る。口径八・二㎝、最大腹径十四・二㎝、底径八・六㎝、高さ十二・二㎝（図十三の一）。

青磁罐　三点。みな四つの鈕をもつ。三型に分かれる。

A型：一点（M２：３７）。胎土は粗く、色調は赤みに近い。丸い口縁で、ややすぼまる。首は斜めにまっすぐ伸び、肩は丸い。鼓腹、小平底である。肩に七条の平行線からなる波紋が二組あり、下の波紋上に四つの横橋形の鈕がある。釉色はやや白く、薄いガラス質で、上半分ほどにかけられている。口径九・八㎝、最大腹径十五・九㎝、底径十一・

図十三　出土遺物

一㎝、高さ十四・一㎝。

B型：一点（M２：３６９）。胎土は細かく白色。丸い口縁で、高くまっすぐな首。肩は滑らかで、鼓腹、小平底。肩部は突起し、その下に四つの横鈕がある。青釉はやや黄色みを帯び、全体にかからず、不均一に薄い。口径九・一㎝、最大腹径十七・二㎝、底径一〇・二㎝、高さ十八・六㎝（図十三の四）。

C型：一点（M２：３７０）。丸い縁、首はまっすぐ、口部はややすぼまる。鼓腹、小平底である。肩に四つの横鈕があり、肩上部に凸弦紋が一条施され、それに正対して凹弦紋一条も見られる。口径十三㎝、最大腹径十六㎝、底径十三・五㎝、高さ二十二・五㎝（図十三の二）。

（六）その他

骨器・玉器・漆木器などがあり、骨器には、骨尺・簪などがある。玉器には璧・珠・瑪瑙盤・水晶珠・佩飾（図版十一）などがある。他に真珠一点、雲母片数点があり、漆木器残片があり、器形は不明である。

三、結　語

（一）　墓葬年代

墓葬の形態と構造からみて、西高穴二号墓は、洛陽で発見された曹魏正始八年大墓と基本的に同じである。[1]どちらも長いスロープ状の墓道をもつ大型多室磚室墓で、前室に二つの側室をもつ。方向は西に座し東やや南寄りに向く。前室平面は正方形で、四角錘状の天井であり、また鉄製帳部品なども共通して出土しており、両墓の年代が近く、かつ明らかに関連のあることを示している。出土器物の形態からみると、後漢時代後期の典型的器物が出土しており、鼎・敦・壷・案等の陶器は明らかに後漢後期の時期的特徴をもち、魏晋よりやや早い。ほかに、二号墓で用いる磚は特製の大型レンガであり、洛陽邙山発掘の後漢墓の磚と基本的に同じである。よって、墓葬形態と構造および出土陶器形態を元に、出土の後漢五銖銭、画像石の内容など多方面の証拠と結び付けるならば、西高穴二号墓の時代は後漢後期と考えられる。

（二）　被葬者身分

西高穴二号墓は魏武王曹操の高陵であると考えられ、その理由は以下である。

まず、この墓は後漢末期の大型墓で、曹操の活躍した時代と同じである。出土の刻銘石牌の多くは後室南側室で出土し、位置が集中しており、中には漆木器と錆びた帳部品の真下で発見されており、その原位置は動いていない。これらの石牌は当時流行の「物疏」の性質をもち、刻された文字の内容には、「木墨行清」・「香嚢卅双」などがあり、当時特有の用語である。これらの石牌の字体は漢隷に属し、俗に言う「八分体」であり、当時の字体と合致する。墓の前室で出土した「魏武王常所用挌虎大戟」などと刻した石牌の「魏」字の書法は、後漢末期の時期的特徴をもつ。「委」と「鬼」の中間に「山」字を加えるのは、後漢から魏晋時代に見られる特徴であり、北魏以後は「山」字は見られなくなる。これもこの墓が後漢から曹魏の時代に属することを判定する有力な証拠である。「常所用」の語句も当時の語法習慣に符合する。『三国志』呉書に、孫権が、「すなわち勅し、己の常に用いる所の御幘青縑蓋を以って」、周泰に賜わったという記載がある。

次いで、この墓と同時期の墓葬を比べると、規模は広大で、構造は複雑であり、埋葬主体は深い。墓道だけでもその一端が分かる。墓道長さは四十m近く、上部幅十m近く、最深部は十五mに達する。その幅は、北斉開国皇帝の高洋の墓と認定された湾漳大墓よりも二倍以上であり、長さも十m以上長い。よって、この墓は王侯クラスのものであり、魏武王曹操の身分に相応する。墓室の深さは十五mに達し、曹植の『誄文』に描写される「窈窈として弦宇、三光すら入らず」に符合する。

第三に、曹操は建安二十三年（二一八年）六月に、「高きに因りて基となし、封ぜず樹せず(2)」と令した。この墓葬の位置は海抜百三〜百七mにあり、三km外側の固岸北朝墓地の海抜より十mほど高く、「因高為基」の要求に符合する。今回の発掘では、墓室上に封土は確認されず、曹操の令にいう「不封不樹」の要求に合っている。

第四に、この墓は西門豹祠の西に位置し、曹操令に言う「古の葬するものは、必ず瘠薄の地に居す。それ西門豹祠の西原上を規し寿陵をなせ」と合致する。西門豹祠は鄴城故城の西、漳河南岸に位置し、現在の漳河大橋の南一kmにあり、河南省安陽県安豊郷豊楽鎮に属する。その故址は現存しており、二〜三mほど高い台地上にあり、そこは後漢から南北朝時代の遺跡となっている。この地面上には今もなおかなりの後漢・東魏・北斉時代の磚瓦破片などが散乱しており、当時この地に建築物のあったことを物語る。

『水経注』濁漳水条に、「漳水また東し武城南を逕す。……漳水また東北し西門豹祠前を逕す。祠の東側に碑あり隠起し、字詞堂なりて、東頭の石柱に勒銘していわく、趙建武中に修めるところなり、と。」と記載される。これは、現在知られる西門豹祠に関する最も早い文献記載であり、後趙建武年間（三三五〜三四八年）に建てられたものである。また、その顕彰石刻は臨漳県文物保管所に現存する。

唐代の『元和郡県図志』相州鄴県条に、「魏武帝西陵、県西三十里にあり」と明記され、また同書に、西門豹祠は「県西十五里」にあることが記されており、現在の西門豹祠の位置と符合する。そして西高穴村は鄴城故址から十四・五㎞西にあり、その位置は文献に記される曹操高陵の位置に合致する。

第五に、一九九八年四月、西高穴村で後趙建武十一年（三四五年）大僕卿駙馬都尉魯潜墓誌が発見された。墓誌には「故魏武帝陵西北角西行四十三歩、北迴至墓名堂二百五十歩。」と記載される。この墓誌は最も古い、魏武帝高陵の具体的方位を明記した文字資料であり、これにより魏武帝曹操高陵の位置が漳河南岸の西高穴村の範囲内にあることを断定できる。この墓誌に記される墓主の魯潜が死去した年代は、曹操の死去から百二十五年しか離れておらず、魯潜墓誌記載の内容は信頼できる。

第六に、この墓では「魏武王」三字を刻した銘牌七点が出土しており、前室出土の「魏武王常所用挌虎大戟」石牌が最も完形である。石牌は出土時二つに折れていたが、一つは南壁から一・四ｍ、西壁から三・七五ｍの位置で出土し、もう一つは西壁から二・七ｍ、南壁から一・一五ｍ、墓底から〇・五ｍの位置で出土している。石牌出土位置は明確で、その情報は正確であり、被葬者の身分を認定するための直接証拠となる。

『三国志』魏書武帝紀の記載によると、建安十八年五月丙申に、天子は策命して、曹公を魏公とした。この後また分封して魏王となり、建安二十五年一月「庚子、王洛陽に崩ず、年六十六。……諡して武王という、二月丁卯、高陵に葬する。」とある。同年十月、曹丕は漢に代わり魏朝を建立し、その父を追尊して武皇帝、廟号を太祖とした。これによると、曹操の爵位はまず魏公であり、その後魏王となり、死後の諡が魏武王、またそののち魏武帝となり、順序が非常に明らかな変遷である。魏武王は曹操の下葬された時点での呼称であり、石牌の内容と合致するのである。

第七は、『三国志』魏書武帝紀に、建安二十一年（二一三年）夏四月に、天子は曹操を冊封し魏王となし、邑三万戸に封じ、位を諸侯王の上に置き、これにより曹操は「参拝するに名せず、剣を履いて上殿する」ほどの権力を得た。この墓で出土した圭・璧はやや大きく、この墓葬が王侯クラスであることを反映し、しかも圭・璧をセットで用いることは、帝王陵墓の突出した特徴である。これは被葬者が王クラスの身分と地位にあることを表明する。現在までに発見された七か所の後漢諸侯王墓の中でも、この墓の規格はさらに高く、文献記載の「位在諸侯王上」の内容に相応する。

第八に、曹操はその『遺令』で後人に「斂めるに時服を以ってし、金玉珍宝を蔵することなかれ」と遺嘱した。[3]この墓では葬送のために製作した金玉礼器は発見されていない。出土の金糸・金ボタン等は衣服上の飾りであり、副葬品を記載した石牌にも金銀珠玉に関する記載はない。このほか圭・璧などの大型礼器はいずれも石製である。玉佩が出土しているが、先端が欠けており、生前に使用したものと考えられ、これも「斂以時服」の有力な証拠である。

第九に、出土陶器は、器形が小さく粗製で、いずれも泥質灰陶であり、漢墓でよくみられる彩陶がない。これは曹植の『誄文』に見える「明器無飾、陶素是嘉」の記載に合う。

第十に、この墓では三個体の人骨が出土しており、すでに攪乱を受けている。鑑定により男性人骨の年齢が六十歳前後で、魏武帝曹操の死去した六十六歳の年齢に相応する。人骨が出土したことは、この墓が疑冢である可能性を排除するのであり、これも曹操墓と認定する物証の一つである。

以上を総じて、我々は初歩段階として、西高穴二号墓の墓主は魏武帝曹操であり、この墓は魏武帝曹操の高陵であると認定する。

（執筆者：潘偉斌・朱樹奎）

注

（1）洛陽市文物工作隊「洛陽曹魏正始八年墓発掘報告」『考古』一九八九年第四期。

（2）・（3）『三国志』魏書武帝紀

（原載『考古』二〇一〇年第八期）

付録二　曹操高陵に関する中国人研究者の見解について

二〇一〇年九月、河南省内黄県において、中国社会科学院考古研究所・河南省文物局・安陽市人民政府の主催により、『漢代城市和聚落考古与漢文化国際学術研討会』が、十七日〜十九日の三日に渡って開催された。内黄県は河南省安陽市に属する県であるが、黄河の氾濫に沈んだ豪族集落の遺跡である三楊荘遺跡が発見された地であり、その遺跡博物館の開館を記念したシンポジウムでもあった。日程の中には曹操高陵の見学も組み込まれていたが、中国全国から研究者が集まり、かつ海外からも二十人近い研究者が参加していた。そのような学会であったため、この機会を利用して、十八日の研究者講演が終わった夜、急遽座談会が開かれ、中国社会科学院考古研究所副所長白雲翔氏の司会のもと、十八人の各専門分野の考古学者により、曹操高陵に関する諸問題について見解が述べられ、その模様が、『中国文物報』（二〇一〇年十月一日）に「曹操高陵考古発現専家座談会発言摘要」として掲載された。ここでは、その記事をもとに各研究者の見解の要点をまとめて、曹操高陵の理解に資することとしたい。

白雲翔氏（中国社会科学院考古研究所副所長）の前言

『漢代城市和聚落考古与漢文化国際学術研討会』では、漢代の都市と集落、漢代考古発見と研究、漢代歴史文化、漢代の国際交流、という四つの主要テーマについて議論がされている。そういった中、多くの研究者から、昨今非常に注目されている曹操墓の発見についての討論の必要性が提出された。時代的に曹操と曹操墓の問題は漢代考古の範疇にあり、実際シンポジウムの研究講演の中で言及した研究者もいる。そこで計画外ではあったものの、国内外の様々な専門家が集まったこの機会を利用し、今回この座談会を開催し、各研究者の見解を整理することとする。

張志清（河南省文物局南水北調文物保護辨公室主任）

西高穴二号墓は、数回の盗掘を受けており、国家文物局の許可を得て、二〇〇八年十二月に緊急保護性の発掘を開始した。事前にボーリング調査等行ったうえで発掘計画を立て、二〇〇九年四月七日および六月二十三日の前後二回、専門家を組織して発掘調査の現場指導を行った。その際発掘計画を検証し、現場の声と併せて修正し、科学性を高めていった。

発掘においては、発掘規定に則り厳格に墓葬の検出、資料の記録を進めた。二〇〇九年九月二日には、河南省文物考古研究所により国内の専門家を組織して、二号墓の発掘現場と発掘資料に対して検査を行い、遺跡に対する判断、整理・記録の正確さを確認した。文章記録・図面・写真・映像など、各種の記録が充分なされている。発掘過程では、出土文物の保護も進め、発掘の後期には、河南省文物考古研究所保存センターにより、壊れやすい遺物や漆器などを固定して取りだす作業を行ったほか、墓道両壁の保護、出土鉄器に対する保存処理をすすめた。そして、発掘調査の科学性を確保するため、二〇〇九年十一月十九日、十二月十三日には、考古学者・古文字学者・歴史学者・形質人類学者ら専門家を招へいし、現場において検証と指導を行った。そういった検証を経て曹操墓と認定するに至った。

郝本性（河南省文物考古研究所前所長）

（本書講演録とほぼ同内容であるので、そちらを参照）

劉瑞（中国社会科学院考古研究所副研究員）

「常所用」について議論が多いが、薄葬に関わる重要事項である。出土の石牌以外に、文献でも多くの「常所用」、およびそれに類する「常所某某」・「常所御」の文字が見える。例えば、『後漢書』光武十王伝に、「建武三年、帝饗衛士于南宮、因従皇太后周行掖庭池閣、乃閲陰太后旧時器服、愴然動容、乃命留五時衣各一襲、及常所御衣各五十篋、余悉分布諸王主及子孫在京師者各有差。」とあり、太后の着ていた衣服の中からいくつか選び、その余りを他の人に与えたもので、「御」は身に付けていたことを示している。ほかにも「常所親信」・「常所服葯」・「常所駐」・「常所誦」・「常所執」・「常所騎」・「常所送」・「常所乗」・「常所坐」など非常に多く、後漢時代・三国時代から、隋唐時代まで一貫して用いられる。

「常所用」を含む「常所」形式の言葉は当時常に用いられていたことが分かるが、文献には、帝王が自分の「常に用いる所」の器物を副葬に用いようとすることが見える。『南斉書』武帝紀に、死後「我識滅之後、身上着夏衣画天衣、純烏犀導、応諸器服悉不得用宝物及織成等、唯装複挟衣各一通、常所服身刀長短二口鉄環者、随我入梓宮。」とあり、随葬するにあまりよい服は用いず、もともと使用していたふた振りの環頭太刀を副葬するように求めたのである。曹操墓の「常所用」銘の器物は曹操の薄葬の要求を表すものなのである。

また、『後漢書』に見える「常所御」は陰太后の持ち物を他人に送った事例であるが、もともと陰太后が使っていたものであった。そして多くの場合、「常所……」は本人が使用したもので、贈られた「常所……」のものが他人に用いられることは文献に見られるが、それが副葬された例はなく、副葬品の「常所用」を贈り物と見ることはできないのである。特に『南斉書』武帝紀には明らかに「常に用いる所」の器物を死後に副葬しているのである。よって、曹操高陵出土の「魏武王常所用」銘の器物は曹操が薄葬を要求して副葬したものであり、決してそれが贈り物であり、被葬者が別人であるという見方は正確な根拠に欠けるのである。

王子今（中国人民大学国学院教授）

この墓葬の性格に対する判断については、河南省考古学界の見解は賛同できるものであり、この墓葬を曹操高陵とすることは問題ない。現在、世間では多くの疑問が提出されているが、この結論を覆すには不十分である。この問題に対する注目は歓迎すべきであるが、考古学界・考古学者の意見が尊重されるべきであろう。

まず、この墓の発掘に対して捏造であるという非難があるが、これは考古学界の信用を貶め、考古学の科学性を損なうものであり、到底受け入れがたい。考古学は全ての人文学科の中でも科学性を重視する学問である。批判的意見の中には自らの無知をあらわにし、あるいは論述に厳格さを持たず、あるいは自らを大げさに騒ぎ立てることをやめず、動機が悪意にまみれているのである。

一方、発掘対象の性質に対する推定は、百％の確証が必要かというと、一定の許容度がある。ある墓の墓主を決定するのに必ず印章や墓誌が必要だというならば、帝陵を含む多くの過去に論証されたものに対し疑義を呈さなければならなくなる。例えば秦始皇帝陵は、墓主の身分を示す文字資料は出土していないが、伝統的な文献記載や歴史地理研究の成果など様々な根拠によって判断されているのである。

また、考古学的な判断には、その時の知識的な限界により、ミスも生じうる。陝西省前漢皇帝陵の比定などは、現在では間違いもある。しかしそれは捏造などとは全く違う次元のことである。

焦南峰（陝西省文物考古研究院前院長）

私は八十年代に秦都雍城秦公一号大墓の発掘に参加したが、その際一点の石磬が出土し、そこには「共桓是嗣高陽有霊」と書かれており、これにより墓葬を春秋時代の秦景公の墓と推定し、現在でも疑問は呈されていない。しかし、当時そのように確定した根拠は、今回曹操高陵と認定した根拠に比べると、一層薄弱である。ある墓葬の性質を推定する際、必ずしも印章や墓誌・哀冊によってのみ決めるものではない。前漢帝陵のうち、長陵と陽陵で根拠となる文字資料が出土した以外は、文字資料はない。秦始皇帝陵では現在でも印章・玉璽は出土していない。考古学研究は、一つの証拠から論ずるのではなく、多方面の証拠から論証した結果なのである。

西高穴二号墓を曹操高陵と判断したのは、まずその墓が後漢後期の墓葬であることを確認し、次に墓葬の規模・形態、地理位置、そして文字資料と、一つ一つ論証した結果なのであり、一つの印章などから判断したわけではないのである。仮に、この墓の規模が小さく、一振りの「常所用」大刀が出土しただけなら、それを曹操の墓とは判断しないであろう。

また、秦都雍城に関して、古くから考古学者により文献資料などから秦都雍城は陝西鳳翔附近にあると推測され、その後考古隊による数十年の調査により、雍城や秦公陵園そして秦公大墓が発見され、考古学界で公認されるところとなった。数年前に西高穴村附近に曹操墓があることが推測されていたが、実際その地で発見されたのは、捏造などではなく、考古学者が粛々と研究を行った結果なのである。

王占奎（陝西省文物考古研究院前副院長）

昨今の曹操墓真偽の論争を見ると、「常識」を以って曹操墓に疑問を呈する声があり、非常に危うい。陝西省の胡覚照氏は「蘇州高峰論壇」以後、「すでに専門的な問題ではなく、常識的な問題である」と気勢を挙げた（二〇一〇年八月二十一日、蘇州で、河北邯鄲古鄴文化研究会、安徽亳州三曹文化研究中心、江蘇教育電視台、江蘇省収藏家協会などの主催で、曹操墓に関する学会が開催された。そこで、曹操墓の取り消しと、発掘調査の不正確さ、資料の捏造などが訴えられた）。考古学に携わるものは常識がないとでも言わんばかりである。なぜ彼が常識などを持ち出したかといえば、専門的な考古学を全く知らないからに過ぎない。

「蘇州高峰論壇」に参加した専門家は、非常に「強く有力な」常識で問題の判断をしているが、専門的な知識から論証すれば、彼らの常識は間違いといわざるを得ない。例えば、魯潜墓誌について、陝西師範大学のある古漢語学者が、墓誌の干支が間違っており、癸酉が九月には来ないので、墓誌は捏造だとした。ところが、上海のある大学院生が文章を書いており、ここでいう癸酉は十一月のことであり、十一月丁卯朔のあと七つ目が癸酉であり、そもそも九月と読んでいる時点で間違っているのである。その上で字体などから判断すれば、墓誌は捏造品ではありえない。知識がなく、読み間違えた上で、それを偽ものと断ずるなど、おかしな話である。

これまで反曹派が提出している疑義は一切信用に足るものはない。この墓が同時代の別人の墓であるという説は、ある程度影響力があるようだが、現在の資料から判断して、その可能性も非常に小さい。

韓国河（鄭州大学歴史学院院長）

曹操高陵に関しては、私は発掘方案の検証と、最後の考古学的論証の二度の会議に参加し、西高穴二号墓は曹操高陵であると考える。ここでは三つの観点を述べておく。一つはその規格の問題である。私は厳輝氏と後漢帝陵の共同研究を続けているが、西高穴二号墓を比較してみると、例えば墓道の幅が後漢帝陵のボーリング調査ではみな幅が約十mであり、西高穴二号墓は九・八mであり、規格が満たされている。また、漢献帝山陽公は天子の礼儀で埋葬されたが、文献に記載される彼の陵寝の寸法と見ると、その墓室は深さ五丈、前堂方一丈八尺、後堂方一丈五尺とされ、換算すると前堂が四・一四m、後堂が三・四五mとなる。西高穴二号墓の場合、前堂が三・八五m×三・八七m、後室が三・八二m×三・八五mとなり、やはり規格上問題ない。

二つ目は、多くの証拠があることであるが、その一つに瓦鼎がある。『後漢書』礼儀志には天子が「瓦鼎十二」を副葬することが記されており、修復済みのものが十一点あり、あとは破片である。規格上、天子の礼儀を用いたことを証明するものである。後漢墓で倣銅陶器を副葬することは衰退したという人もいるが、これは曹操が漢の伝統を強調し、天子の礼を体現し瓦鼎十二点を用いたと考えられる。

そして三つ目に曹操の薄葬についてであるが、一つは短葬で、死後一ヶ月に至らず下葬された。もう一つは「不封不樹」で、西高穴二号墓の発掘では封土が発見されていないが、地勢は高い場所であり、漢代の人は高地高葬を好んだ。また、陵園の簡略化があり、現在確認された陵園の面積はやや小さく百m×七十mという規模である。さらに、副葬品の明器化ないし擬似化がある。擬似化とは石牌上に「億巳銭五萬」とあるように、実際には副葬せず文字を用いて記載しただけのものである。これらが、曹操高陵の薄葬の特徴である。

厳輝（洛陽市第二文物工作隊副隊長、曹休墓の発掘調査を担当）

学者によっては、曹操墓と曹休墓は同じかよく似るといわれるが、それは誤解であり、両墓は大同小異ならぬ小同大異である。主に、墓葬年代、出土遺物、形態規模、墓葬等級の四つの観点から見ておく。

まず年代についてであるが、両墓の年代は八年の差に過ぎないが、一方は後漢末期であり、一方は曹魏初年と時代を超えているのであり、歴史上の転換点である。一方は後漢の集大成であり、一方は曹魏の先駆けなのである。

曹操墓では盗掘にもかかわらず多くの出土品があり、特に陶器は、礼器・生活用品・模型明器など、みなよく見る後漢時代の型式と組成である。しかし、曹休墓では模型明器と陶製礼器は発見されておらず、基本的に四耳罐・碗・盤・奩・耳杯などの実用品ばかりである。これらは新しい組成であり、形態上も漢代と区別でき、時期的変化の節目の一つを代表するといえる。また、曹休墓では石質の礼器（圭・璧）や刻銘石牌は出土していない。過去に発見された後漢諸侯王墓では璧を出土した例が多いが、璧と圭の組み合わせは非常に少ない。

形態規模では、両墓ともに方坑明券の建築方式であり、これは後漢曹魏の大型墓で流行したものである。ただし、曹操墓は「甲」字形平面で、曹休墓は「十」字形の平面である。甲字形墓は王の象徴である。また曹操墓の土坑面積は七百六十平方m、曹休墓は五百mと、規模も異なる。

墓葬の構造から等級を見ると、両墓の構造は完全に異なる。一方は方室の系統で、一方は横室の系統である。方室磚券墓は漢の墓葬の重要な系統であり、前後漢の境ころに陝西・山西・河北北部・内蒙古で主に見られ、北方系統に属する。これは漢系墓葬においては必ずしも規格は高くないが、北朝帝陵や隋唐帝陵などのように、その後の帝陵の主要な形式となっていく。曹操墓では、後漢帝陵・諸侯王墓で常に用いられる回廊墓を採用しておらず、旧時代との断絶が見て取れる。文献記載から見ると、後漢末期、曹氏が漢に変わる趨勢は決定的であり、彼が採用した新しい制度も歴史的必然であった。方形墓室・双甬道・墓道両側の護坡など、後漢帝陵と北朝帝陵の間の過渡段階である。曹休墓では横室墓を採用しており、これまでに発掘された後漢時代の類似の墓葬は非常に多く、一般に列侯・公卿大夫の墓葬の葬制である。曹魏時代になると、改造され、前室は方形に変わり、耳室が大きくなって側室となる。曹休は生前列侯であり、死後壮侯に封ぜられており、墓の形態と彼の身分は相応する。

以上の比較から、曹操墓は帝王の制度を採用し、曹休墓は列侯卿大夫の制度を採用したことが分かる。両墓の発見は、曹魏時代の考古学研究に大きな影響をもたらしたといえる。

鄭同修（山東省文物考古研究所所長）

全国で発見された漢代諸侯王墓の規模はみな相当大きく、山東臨淄斉王墓、済寧任城王墓など後漢時代の諸侯王墓は全国でも多く発掘されている。西高穴二号墓を墓葬規模の点から見ると、曹操の身分に相応する規模である。また墓葬の形態、平面計画、構造なども後漢末期の特徴である。中原地域の磚室墓の形態の発展系譜は非常に明確で、西高穴二号墓は墓葬形態変化から見ても後漢後期の特徴に合致する。出土陶器についてみると、学者によっては、器形がやや小さく地味で、疑問が呈されている。しかし後漢後期の墓葬の副葬品では、その多くが模型明器や実用でないものである。例えば、曹植墓で出土した陶器も同様で、さらに小さいものや、粗製ものが多い。陶器の組成・形態も後漢末期で問題ない。後漢後期の墓葬では、陶鼎を副葬することは非常に少なくなっていくので、そういった礼器的な器物の出土は、墓葬の規格が高いことを示している。よって、陶器の作りが粗製であったり、器物の大小は、被葬者の地位を決定する証拠とはならない。また特に石璧・石圭は石製ではあるが、その大きさは王者の風格を持つ。両者の組み合わせは非常に重要であり、やはり被葬者の身分が高いことを証明する。

画像石の問題について見ると、出土画像石が墓葬のどこで用いられたかは不明であるが、石材の形状と厚さから見ると、床面の舗装石に近似しており、実際墓葬では類似の石材で舗装しており、一部は剥がされなくなっている。こういった石材を舗装することは実際あるのであろうか。漢代墓葬のうち後期のもので前期の墓葬や祠堂の画像石を墓葬建築材料として用いる事例は決して少なくなく、山東の後漢斉王墓の基石で前期の画像石を使っているように、王侯墓でも見られることである。

劉振東（中国社会科学院考古研究所研究員）

全体的に、西高穴二号墓は後漢墓を基礎として、すでに変化が見られ、この墓は、曹魏墓制の先駆けであるといえる。台階をもつ広い墓道や、磚石を主な建築材料とすること、墓室が二つの主室からなることなど、多くの後漢大墓の特徴を具える。しかし、後漢諸侯王墓と比べると、やや大きな変化が現れている。墓葬制度の研究においては、地上と地下に分けて考えられるが、この墓では地面上に高大な封土はない。漢墓の第一印象は高く大きな盛り土であり、それが被葬者の地位等級を体現する。従来の研究から、墓葬封土の高さと文献記載は基本的に一致しており、西高穴大墓に封土がないことは墓制の大きな変化を示している。その他、陵園面積の縮小化などもそういった変化に属している。

地下についてみると、この墓葬は二つの墓室をもち、回廊がない。後漢の諸侯王墓は主に回廊を伴う多室墓である。しかしこの墓は回廊がなく、後漢王墓制度の基礎に変化が現れたといえる。身分のより低い二千石官吏の墓から見ると、一つは回廊を設置する多室墓で、今ひとつは多室墓で回廊を伴わないものである。主な墓室は二つないしそれ以上、最も多くて五室である。西高穴墓は二つの墓室からなり、二千石官吏墓と比べると少ない。しかし、それにより身分が低いといえるのではなく、やはり漢代墓制に改革を加えたものであり、時期的特長を持つのである。後漢末期、漢政権は有名無実化し、曹操は天子を擁して諸侯に令し、様々な改革を行った。経済上では屯田制を実行し、古い習慣を改めた。西高穴大墓は、こういった一生を改革の中で過ごした曹操に相応しいものであり、曹魏墓制の先駆けなのである。

楊愛国（山東省石刻芸術博物館研究員）

今回見た完形に復元された画像石は、確かに舗装石と大差ない。一体何に使ったのであろうか。もし、本当に舗装石ならば、他から画像石を借用したものであることは明らかで、曹操墓の判断そのものとは関係がない。それを以って漢代の諸侯王は画像石を用いないという人もいるが、それも違っている。

細かく砕けた画像石を見るのは厄介で、何に用いたかは分からない。しかし、そういった砕けた画像と完形のものはその風格が一致し、そしてそれは山東のものである。この種の風格の画像は最も早い紀年のものが桓帝建和元年（一四七年）で、最も晩いものが霊帝光和元年（一七八年）のものである。では、こういった武氏祠の風格がなぜこのような遠いところに来ているのか。工匠は、望んで各地へ赴いたようである。彼らの作風は、嘉祥のほかにも、泰安・済南・済陽まで及び、最も東にあるのが莒県、最も西が陽谷に事例がある。陽谷八里廟後漢墓では、門柱に彼ら工匠の一派の作品が見える。同類の風格の画像は現在三十点以上の例がある。

羅二虎（四川大学歴史文化学院教授）

この墓葬の時代は、後漢から魏晋の転換期であり、中国墓葬制度の変換点でもある。そしてこの墓葬はその時期的特徴を体現している。後漢末期は戦乱の時代であり、また曹魏時代には摸金校尉の官職を設置し専門的に墓を掘ったほどで、盗掘が頻繁であり、そのため、厚葬から薄葬へと急激に変化したのである。西高穴大墓はこういった時代背景に符合すると考えられる。

画像石に関しては、完形のものは舗装石と考えられ、画像表面には多くの凹線が見られ、舗装石として作られた際に刻まれたものであろう。また、画像石にはやや薄いものと厚いものがあり、さらに瓦当の図案のものがある。これには二つの可能性がある。一つは舗装の石板としたものである。今ひとつは墓内の設備を作った可能性である。新しい時期の墓葬には画像石棺・槨があり、南北朝・唐代には房屋を模した石槨などがある。西高穴大墓のこういった現象は墓葬転換時期の新しい変化かもしれない。

画像の風格は確かに山東のもので、かつ後漢後期のものである。彫刻技法や作風は非常に高く、漢末曹魏の時期に山東から工匠の一団を呼び寄せ墓葬の建築に貢献してもらった可能性もある。

楊哲峰（北京大学考古文博学院副教授）

全体的に見て、西高穴大墓で出土した陶磁器の年代は、おおよそ後漢後期から曹魏初期である。歴史紀年のように明確に年代を確定することはできないが、おおよその範囲である。

初歩的な観察からして、その産地は両広地域・湖南・江西・浙江などいくつか可能性がある。帯釉のものは長江以南の複数の地域類型からなる。そういった複数地域のものが一つの墓で出土しているわけである。これまで中原地域の黄河流域で発見された同時期の墓で、このような状況はなく、初めての事例である。そしてこれらの器物は決して一般的なものではない。中国陶磁史において、漢末三国時期はちょうど「成熟磁器」が形成された重要な発展期である。この墓葬の磁器は当時においては最高の技術水準によるものなのである。

五月に私は洛陽で曹休墓の論証会に参加したが、曹休墓出土の、四耳罐など類似の陶磁器は、南方の磁器を模倣したものと考えられる。この時代においては、南方の磁器は北方地域の上層貴族にとって最新の流行であった。山東の斉王家族はかつて南方へ移動させられたが、後に復帰した。そして実際、斉王墓でも南方の陶磁器が出土している。今回、西高穴大墓で数点の異なる産地の南方磁器が出土したわけであるが、これは当時としては非常に特別なことなのである。

全洪（西漢南越王博物館副館長）

出土遺物から墓葬の級別を視るに当たり、曹操の墓であるにもかかわらず、なぜ多くの普通の品物があるのかということは、一つの疑問である。鍋・碗・盆などのほか、陶製猪圏まである。これに対し、南越王墓を例に説明を試みたい。

南越王墓は盗掘を受けておらず、年代も明確で、被葬者の身分も出土遺物から明らかである。南越王墓では、鼎・灶など実用の日常生活用品が揃っている。風俗の変化により、実際曹操墓で出土したのは模型明器である。また、南越王墓では木箱があり、中に錘・鑿・手斧などの鉄製木工工具が納められていた。信陽楚墓でも工具箱が出土しており、長沙前漢墓の遣冊には鋸・手斧などの工具について記されている。南越王墓では、木工工具以外にも、鋤・鍤・鋸・網錘などが出土しており、当時の習慣の一端を反映しており、日常生活用品が高級墓葬に納められる例なのである。

今回曹操墓で日常の生活用品が出土したことを以って、曹操墓でそういったものが出土するはずがないと、被葬者を否定する根拠とはできない。鍋・盆・猪圏などが出土したことは決して怪しむに足らない。生前に使用した器物を象徴したものを副葬し、死後の世界に供したのであろう。

段清波（西北大学文化遺産学院教授）

曹操墓の発掘状況については、墓上建築や陵園などまだ不明確な点もあるが、西高穴大墓を曹操墓と論証したことは間違いないであろう。しかし、曹操高陵の討論に対して現れた問題は、考古学研究の方法に関わることである。出土の「魏武王」石刻や、墓葬年代、出土器物など、相互に裏付けられるものであり、発掘・研究の過程に問題はない。

考古学は一つの実践的な学問であり、必ずしも全ての問題を解決できるわけではない。ある大学が出土人骨のＤＮＡ鑑定によって被葬者が曹操か否かを判断しようと希望しているが、曹操一族の歴史伝承などからみても現実的でない。

現在は多元化の時代を迎えており、誰もが発言権を持っている。しかし、現在の中国は誰もが「専門家」になってしまっている。蘇州論壇では、江蘇ないし浙江の書画鑑定の学者らしいものが、魯潜墓誌にある「歩」について、七十五㎝ないし八十㎝と計算し、「六尺を一歩となす」という常識も知らずに、魯潜墓誌について討論してしまっている。本来このような問題は専門家の判断を待って後に改めてそれを判断するべきではなかろうか。

徐承泰（武漢大学考古学系副教授）

学術研究においては、二重三重の証拠があるにこしたことはないが、いずれにせよ基本的な原則がある。つまり資料から観点を導き出すのであり、観点から資料を合わせるのではないことである。曹操高陵の論証過程を見ると、まず出土遺物と墓葬構造から年代を決定し、墓葬構造・規模・出土遺物から被葬者の等級身分を確定し、最後に「魏武王」石牌を根拠に曹操へと至ったわけである。この厳密で規範的な論証過程は充分信頼できるものである。

また、現在石牌などについて後の人が埋めたものと疑義を呈するものもいる。我々が考古発掘作業で第一に行うことは出土遺物の埋蔵環境を弁別することであり、土質・土色の差異をもとに異なる堆積単位とその時期的前後を確定するのである。よって、曹操墓の発掘報告がいち早く整理刊行され、文字資料・図版・写真・撮影資料など、皆が共有できることが望ましいのである。

韓立森（河北省文物考古研究所所長）

現在インターネット上では、ある河北の学者（閆沛東氏のこと、石牌などが捏造されたものと訴えている）が曹操墓の考古発見を疑っている。しかし、この「河北の学者」は河北で仕事をしている人であり、田野考古に携わるものではない。

ネットの「新浪新聞センター」の二〇一〇年九月十六日七時十八分の朝刊の記事で、河北省考古隊と安陽地方政府が共同で捏造し、偽の証拠で曹操墓を証明したと述べていた。まず言っておくべきは、河北省の考古隊は安陽地方政府と考古学またはその他の事を共同で行ったことは一切ない。このようないわれのない邪推と攻撃には厳に反対するものである。

また、鄴城はもともと曹魏時代の政治・経済・文化の中心の一つであり、史書では曹操の高陵は鄴城の西ないし西南にあるとされ、磁県と安豊郷はどちらも鄴城の統括区であった。曹操墓が安豊郷西高穴村にあることは、文献記載と矛盾せず、全く怪しむに足りない。

我々は、河北で漢代諸侯王墓を発掘したが、そのうち一座の被葬者について、前漢常山王劉舜と判断した。それは、出土器物の組み合わせや墓葬形態、また古代の用車制度を根拠とし、さらに出土の銘文から推定し、高級貴族墓と判断できたのである。前漢常山王劉舜墓出土の銅器銘文には、「常」・「常山」といった字が見え、前漢のこの時期の常山王は二人だけであり、第二代常山王は数ヶ月しか在位しておらず、このような大きな陵墓は造営できない。よって、劉舜に限られるのである。

曹操墓に関していえば、墓道の長さと幅、墓室の深さ、副葬品の圭・璧等の礼器など、すべて被葬者の身分の等級を示している。西高穴大墓を曹操高陵とする論証の方法と過程は、ごくまっとうな考古学研究におけるものであり、その結論は信頼できるものである。

辛勇旻（韓国東亜細亜文化財研究院院長）

墓葬形態や構造、及び出土遺物などについては非常に明確である。ただし、被葬者の状況についてはやや不明確である。被葬者の人骨の鑑定はおおよそ六十歳とされているが、しかし曹操は六十五歳まで生きており、なぜそのような差があるのか。思うに曹操は一般の人ではなく、身体は健康で、悠々と満ち足りた生活が彼の体を年齢よりも若くしているのではないだろうか。これには、人骨に対して一層の精緻な科学的分析を行って答える必要がある。また、歯の研究により、かれの食生活や健康状態を理解することができ、より一層被葬者の情報を知ることができるであろう。

白雲翔氏の結語

今回各先生方に、曹操墓に対するそれぞれの意見を述べていただいたが、主に三つに集約できるであろう。一つは、墓葬形態・出土遺物などから見て、西高穴二号墓は曹操墓と確認できるということである。第二に、西高穴二号墓の発掘過程は、国家文物局の田野考古作業規定に合致し、文字資料・図版資料など全ての資料の記録も規範どおりであり、発掘においては文物の保護の理念を徹底しており、全ての考古発掘と文物保護の作業は科学的でありかつ効果的なものであった。第三に、曹操墓の論争は今後もなお継続することである。画像石の由来、墓上建築の有無、二号墓と一号墓の関係、発掘資料の整理と発掘報告の編集など、多くの問題の解決が将来に待たれている。曹操高陵の発掘は段階的に進んでおり、古代陵墓制度の研究の点から言えば、陵園・陵区の問題も残る。これらも今後の田野考古による解決が必要なのであり、それこそ考古学の科学性を体現するものである。

我々は、学術を尊重しなければならない。西高穴二号墓が結局のところ曹操高陵であるのかどうか、それは学術の問題である。学術において異なる認識と見解が存在するのは、至極当然である。それを、討論と研究を繰り返して統一していくこともあれば、長く論争が続くこともある。異なる意見に対しても討論と研究を行うべきである。しかし、学術討論には一つの基本原則がある。すなわち、民主的に平等に事実を資料として、道理に基づいて討論しなければならない。また、客観的な資料に基づき科学的な方法を用いて、考古資料・文献資料・出土文字資料を総合し、系統的に綿密に結論を出していかなければならない。学術を尊重し、厳密に学術研究の基本原則に則って研究を進めてこそ、曹操高陵の認識はさらに歴史事実に近づき、曹操高陵に関する諸問題は解決に向かうであろう。

付録三　曹操高陵発見前後の経緯

一九九八年四月二十三日　安陽市安豊郷西高穴村の村民徐玉超が、土取りの際に偶然魯潜墓誌を発見する。五月十四日に正式に安陽市文物局へ提出される。

二〇〇五年の大みそかを祝う爆竹の音にまぎれ、盗掘団がダイナマイトで墓頂に坑を開け、近年初めての侵入を行う。

二〇〇六年三月　村民が初めて盗掘坑を発見し、政府に通報、安豊郷党委書記の賈振林が、南水北調安陽段発掘調査責任者の潘偉斌に墓の調査を依頼、後漢末期の王侯クラスの大墓と推定される。

二〇〇七年十二月末　再び盗掘団が墓に侵入、後に「七女復仇図」として復元される画像石を持ち出す。

二〇〇八年十一月　河南省文物局は、西高穴村後漢大墓の緊急保護発掘を決定し、国家文物局へ申請し、許可を得る。

二〇〇八年十二月六日　河南省文物考古研究所により、正式に保護発掘が開始される。

二〇〇九年四月六日・七日および六月二十三日　西高穴村後漢大墓の発掘調査に対する「考古発掘論証会」が開かれ、二度にわたり発掘計画についての検討が行われる。

二〇〇九年十一月六日　墓室前室を発掘していた調査隊員により、「魏武王常所用挌虎大戟」銘の石牌が発見される。

二〇〇九年十一月十九日　専門家により、発掘成果に対する評議会が行われる。

二〇〇九年十二月十二日・十三日　「西高穴東漢大墓発掘専家論証会」が安陽で開催され、考古学・歴史学・古文字学・形質人類学など各分野の専門家らにより総合的に検証が行われ、被葬者が曹操であると認定される。

二〇〇九年十二月二十七日　曹操高陵の発掘成果と論証会の成果が国家文物局へ報告され、その同意を得て、河南省文物局により北京で、曹操高陵発見がメディアに報道される。

二〇〇九年十二月三十一日　一般に向け、河南省文物考古研究所により、「曹操高陵考古発現説明会」が行われる。

二〇一〇年一月十三日　中国社会科学院により、「二〇〇九年全国六大考古新発見」に選定される。

二〇一〇年一月十四日　中国社会科学院考古研究所により、「公共考古論壇」が開催され、メディアおよび一般に向け、曹操高陵に関する諸問題について説明する。

二〇一〇年二月四日　河南省政府により、省級文物保護単位として公布される。

二〇一〇年三月八日　河南省文物局・河南省考古学会により、「河南省五大考古発見」に選定される。

二〇一〇年六月十一日　国家文物局・考古雑誌社・中国考古学会等により、「二〇〇九年全国十大考古新発見」に選定される。

二〇一〇年九月十八日　『漢代城市和聚落考古与漢文化国際学術検討会』の開催に伴い、全国の研究者により「曹操高陵考古発現専家座談会」が開かれ、全会一致で西高穴二号墓が曹操墓であることが認定される。

二〇一〇年十一月二十七日・二十八日　愛媛大学において、シンポジウム『三国志　魏の世界——曹操高陵の発見とその意義——』が開催され、日本で初めて河南省の発掘担当者らにより、曹操高陵の発掘経緯などが報告される。

※以上は、河南省文物考古研究所編『曹操墓真相』科学出版社二〇一〇年に掲載された「付録：曹操高陵発現的前前後後」を参照し、一部加筆した。

あとがき

本書は、二〇一〇年十一月二十七日・二十八日に、愛媛大学南加記念ホールにおいて開催されたシンポジウム『三国志　魏の世界――曹操高陵の発見とその意義――』（愛媛大学東アジア古代鉄文化研究センター主催）の講演録である。

二日にわたるシンポジウムのプログラムは、以下である。なお、二・五の通訳は槇林啓介（総合地球環境学研究所上級研究員）が、三・四の通訳は佐々木正治（東アジア古代鉄文化研究センター）が、それぞれ担当した。

二十七日
一、村上恭通『「三国志　魏の世界」開催にあたって』
二、白雲翔『漢末・三国時代考古およびその新展開――北方魏を中心に――』
三、潘偉斌『曹操高陵の発見と発掘および初歩研究』
二十八日
四、郝本性『曹操高陵出土文物の研究――安陽高陵出土石牌刻銘にみる曹操のすがた――』
五、張志清『漢代陵墓考古と曹操高陵』
六、公開討論会

この記録を元に編集を進めているが、もともとシンポジウム当日に配布する資料集編集のため、事前に各講演者から原稿を送っていただいた。しかし実際の講演では、時間の関係上省略・超訳した部分も多く、講演者の意図を全て伝えきれていない点も多かった。そのため編集に当たっては、講演の雰囲気を損なわないよう努めつつ、各所で訂正・加筆を加えている。また、講演の際、各先生方には、豊富な写真・図面資料をパワーポイントで示していただき、了解を得てその一部を本書にも所収しているが、参考原典は省略させていただいた。

また本書では、『考古』二〇一〇年第八期所収の発掘簡報『河南安陽市西高穴曹操高陵』の日本語訳を、考古雑誌社および中国社会科学院考古研究所白雲翔氏の了承を得て付録として収録している。

二〇〇九年十二月の報道以来、曹操高陵の発見は社会的に大きく注目されてきたが、一方で、西高穴二号墓の被葬者が曹操であることを頑として認めない一派も存在する。確かに報道直後は情報も少なく、疑問の入る余地も多かった。しかし、墓葬や出土遺物の詳細が明らかになるにつれ、論理的に否定しうる説はほとんどみられなくなる。墓葬の立地・規模・形態、遺物の種類・数量など全ての資料を文献資料と結び付け、総合的・体系的に分析するならば、被葬者は曹操以外に考えられない。ところが、いわゆる「反曹派」は、数々の証拠を前に論理が破綻したためか、墓や出土遺物そのものを捏造したものと断じて、学術的・論理的な議論を一切拒否する有様である。

残念なことは、日本においても、インターネット上の反曹派の言説を根拠に、曹操墓とすることに疑義を呈する声も少なくないことである。発掘報告書の刊行が待たれており、第一次資料を手にすることができない現在では、それもいたしかたない。膨大な出土遺物の整理は時間がかかる作業であり、現地では、日夜資料整理が鋭意進められている。しかし、曹操墓の真偽を知るためには、やはり現場の生の声が必要である。それが今回のシンポジウムを開催し、また、その記録を出版するに至った理由である。

現在の中国の考古学界では、西高穴二号墓は曹操の墓と認定され、墓葬・出土遺物から広がる様々な歴史的問題の研究に進んでいる。例えば、本書に収めた郝本性氏の研究は、著名な歴史上の人物の墓が見つかったというセンセーションから一歩進んで、政治家・軍事家・文学家として豊かな人生を送った曹操の真の人物像に具体的に迫ろうとしている。

また曹操高陵の発見がもたらす学術的な影響は計り知れない。これまでは、発見された遺跡を百年間に満たない三国時代に属するものと限定することは困難であり、後漢時代後期から魏晋時代というふうに年代幅を与えるほかなかった。しかし、曹操という死去した年代の明らかな人物の墓葬が発見されたことで、その墓葬形態や出土遺物の特徴を一定の基準として、今後の出土資料の年代を判断することができ、一部後漢時代末期を含む三国時代の研究が、一つの考古学分野として格段に推進されることとなったのである。

このように中国の考古学界では、西高穴二号墓が曹操墓か否かという議論はすでに過去のものであり、研究は次の段階に進んでいる。今回のシンポジウムおよび講演録の出版が、日本における曹操墓研究発展の一つの画期となるならば、これ以上の喜びはない。

また、このたびのシンポジウムの開催においては、愛媛大学研究支援部研究支援課の方々に様々な面でサポートしていただき、当日も円滑な進行に御尽力いただいた。厚く御礼申し上げたい。

最後に、本書の出版に当たり、汲古書院の石坂叡志氏、三井久人氏、小林詔子氏、柴田聡子氏には多大なご理解とご援助を賜わった。末筆ながらここに記して感謝の意としたい。

二〇一〇年十二月十二日

東アジア古代鉄文化研究センター　佐々木　正治

中文目次

講演者紹介（講演順）

村上恭通（むらかみ　やすゆき）　1962年６月30日生
愛媛大学東アジア古代鉄文化研究センター　センター長・教授

白雲翔（はく　うんしょう）　1959年12月３日生
中国社会科学院考古研究所　副所長・研究員

潘偉斌（はん　いびん）　1968年４月16日生
河南省文物考古研究所　副研究員

郝本性（かく　ほんしょう）　1936年１月５日生
河南省文物考古研究所　前所長・研究員

張志清（ちょう　しせい）　1956年９月１日生
河南省文物局南水北調文物保護辨公室　主任・研究員

愛媛大学東アジア古代鉄文化研究センター
第３回国際シンポジウム

曹操高陵の発見とその意義
――三国志　魏の世界――

平成二十三年三月十四日　発行

編　者　愛媛大学東アジア古代鉄文化研究センター
発行者　石　坂　叡　志
製版印刷　モ　リ　モ　ト　印　刷　㈱

発行所　汲　古　書　院
〒102-0072　東京都千代田区飯田橋二－五－四
電　話〇三（三二六五）九七六四
ＦＡＸ〇三（三二二二）一八四五

ISBN978－4－7629－2890－1　C3022